NARRACIONES HUMORÍSTICAS

POR MARK TWAIN. Traduc
ción de CARLOS PEREYRA

BIBLIOTECA NUEVA

I

AUTOBIOGRAFIA

Dos, o tres personas me han escrito en diferentes ocasiones diciéndome que si yo publicara mi autobiografía acaso la leerían cuando lo permitieran sus ocupaciones. En vista de esta ansiedad frenética, creo que debo acceder a las instancias del público. He aquí, pues, mi autobiografía.

Soy de ilustre prosapia, y mi familia tiene ejecutorias de una antigüedad incalculable. El primero de los Twain que recuerda la historia no fué un Twain, sino un amigo de la familia apellidado Higgins. Esto ocurría en el siglo xi, y nuestros antepasados vivían entonces en Aberdeen, condado de Cork, Inglaterra. Hasta hoy no hemos podido averiguar la causa misteriosa de que nuestra familia llevara el nombre materno de Twain, en vez del paterno de Higgins. Tenemos ciertas razones domésticas muy poderosas para no haber persistido en la investigación de ese enigma histórico. En algunos casos los Twain adoptaron este o aquel alias, y siempre lo hicieron para evitar embrollos enojosos con curiales y corchetes. Pero, volviendo al asunto Higgins, si mis lectores tienen una curiosidad muy viva, conténtense con saber que el misterio se redujo a un incidente vago y romántico. ¿Qué familia antigua y linajuda no conserva el perfume de esas poéticas penumbras de paternidad y filiación?

Al primero, siguió Arturo Twain, cuyo nombre fué famoso en los anales de las encrucijadas inglesas.

Arturo contaría treinta años cuando se dirigió a una de las playas más aristocráticas de Inglaterra, llamada vulgarmente presidio de Newgate, y muchas personas presenciaron su muerte súbita en ese lugar de recreo.

Su descendiente, Augusto Twain, estaba de moda allá por el año 1160. Era un humorista extraordinario. Poseía un viejo sable del mejor acero conocido entonces. Augusto Twain afilaba muy bien la brillante hoja de su sable, y se situaba por las noches en un lugar conveniente del bosque. A medida que pasaban los caminantes, Augusto los ensartaba con su sable, sólo por el gusto de ver cómo saltaban, pues ya dije que era muy original en sus diversiones. Parece que la perfección artística de su obra llamó la atención pública más allá de ciertos límites. Algunas autoridades competentes en la materia, tuvieron conocimiento de los rasgos humorísticos de Augusto, lo espiaron por la noche y se apoderaron de él en el momento de una de sus bromas. Los agentes de esas autoridades recibie-

ron la orden de separar la extremidad superior de
Augusto, y llevarla a un sitio elevado que estaba
en Temple Bar. Todo el vecindario se congregaba
diariamente para ver aquella parte de la persona
de Augusto, que nunca había ocupado antes un lugar tan eminente.

Durante los doscientos años que siguieron, es decir, hasta el siglo xiv, la familia fué ilustrada por
las proezas de muchos héroes, a quienes tocó en
suerte—de otro modo habrían muerto en la obscu-
ridad—seguir el camino victorioso de los ejércitos,
cubriendo siempre la retaguardia, y abrir la marcha cuando se daba orden de regresar a los cuar-
teles después de la lucha. Se engañaba Froissart al
asegurar que el árbol genealógico de nuestra familia sólo tenía dos ramas en ángulo recto con el
tronco, y que se distinguía de otros árboles en que
daba frutos durante todo el año. Esa es una calumnia y una necedad del viejo cronista.

Llegamos al siglo xv. En esa época floreció
Twain *el Hermoso,* llamado también *el Letrado* o
el de la *Pluma de Oro.* Tenía una habilidad insuperable para imitar la letra y la firma de todos los
mercaderes de aquel país. La gente se caía muerta
de risa al ver cómo sacaba partido de aquella apti-
tud, en la que llegó a una completa perfección. No
se podía pedir más. Desgraciadamente, parece que,
por efecto de una de esas firmas, se comprometió
mi antepasado a servir de picapedrero en una carretera durante un largo período de años, y que la ru-

deza del trabajo le echó a perder la mano para una
obra delicada como era la de su ejercicio caligrá-
fico. De vez en cuando dejaba el trabajo penoso de
la carretera, pero poco tiempo después volvía al
enganche por algunos años, y así estuvo, con breves interrupciones, muy cerca de medio siglo, me-
jorando las vías de comunicación y empeorando sus
ya mermadas facultades para el manejo de la pluma. Todo tiene compensaciones. Tal era la satisfacción de los capataces de la carretera, que en los
últimos años mi egregio antepasado no se alejaba
más de una semana del lugar de sus tareas, y los
agentes de la autoridad lo persuadían muy fácil-
mente para que volviese al servicio público. Así
murió, honrado y llorado por todos. Perteneció a la
Orden de la Cadena. Llevaba siempre el cabello
muy corto, y manifestó un gusto especial por la ropa
de lienzo con rayas. Casi nunca usaba otra, y el
Gobierno se la proporcionaba gratuitamente. He
dicho que la patria lloró la muerte de mi antepasado, sin duda a causa de sus servicios; pero más
aún por los hábitos de regularidad que adquirió en
el trabajo de las carreteras.

Andando los años, nuestra familia se ilustró con
el nombre glorioso de Juan Morgan Twain. Vino a
los Estados Unidos en compañía de Colón, aunque
como simple pasajero de su carabela. Parece que
mi antepasado era un hombre de cáscara amarga.
Durante la travesía no cesó de dar quejas al pa-
trón del buque por la mala comida, y amenazaba con

quedarse en la playa si no mejoraba el servicio. Insistía sobre todo en que se le diera sábalo fresco, aunque no lo hay en los mares de América. Andaba siempre sobre cubierta con las manos en los bolsillos del pantalón, y cuando pasaba junto a D. Cristóbal se le reía en las barbas de un modo impertinente. Decía contra él mil horrores en los corrillos de pasajeros y tripulantes. Entre otras cosas, aseguraba que Colón no tenía la menor idea de América, y que había emprendido el camino a tontas y a locas, puesto que aquel era su primer viaje al Nuevo Mundo. Cuando uno de los marineros gritó: *¡Tierra!,* todos se conmovieron. Sólo él permaneció impasible. Estuvo viendo la mancha gris con un vidrio ahumado, que, según ciertos cronistas, era un pedazo de botella, y exclamó desdeñosamente: "No hay tal tierra. ¡Qué me cuelguen si lo que vemos no es una balsa de indios americanos!"

Al embarcarse, no llevaba consigo sino un envoltorio de periódico, en el que había un pañuelo, un calcetín de lana, uno de algodón, una camisa de dormir y no sé qué otro objeto. Cada pieza tenía iniciales diferentes. Sin embargo, durante el viaje inventó la novela de *su baúl,* y no cesaba de hablar de *su baúl.* Todos los pasajeros juntos desaparecían y quedaban anulados cuando se presentaba mi antepasado en la cubierta. Si el buque hundía el pico, mi bisabuelo llamaba a los grumetes para que llevaran *su baúl* a popa. El se situaba en lugar conveniente, a fin de ver el efecto. Si se sumía la popa,

9

al instante mi célebre antepasado buscaba a Colón
para sugerirle la maniobra indicada, y ofrecía *su
baúl*. ¿Me preguntáis qué contenía ese baúl? Yo os
diré en dos palabras que mi antepasado era un hombre extraordinario. Consultad el *Diario* de Colón,
y veréis lo que dice el Almirante de las Indias. No
acusa a mi antepasado. No hace una indicación que,
aun veladamente, sugiera la idea de una conducta
incorrecta. Colón se limita a afirmar que aquel periódico y aquellos calcetines se convirtieron durante el viaje en un gran cargamento. Ya no se hablaba de un baúl, sino de los baúles del Sr. Twain.
Eran tantos, que no cabían en la bodega, y estaban
sobre cubierta. Los marineros no podían hacer la
maniobra ni oir las órdenes, por el hacinamiento de
los objetos que formaban la propiedad exclusiva e
indisputable de mi bisabuelo. Al desembarcar, mi
antepasado entregó a los cargadores de América
cuatro grandes baúles y cuatro cestas de mimbre,
dos de ellas de las que contenían la champaña con
que fué celebrado el descubrimiento. Mi antepasado
volvió a bordo e interpeló a Colón, exigiéndole que
detuviera a los otros pasajeros, pues sospechaba
que lo habían robado. Hubo un tumulto en la carabela, y Morgan Twain fué echado de cabeza al
agua. Todos se asomaron a la borda para ver su
agonía; pero, a pesar de que permanecieron largo
rato con los ojos clavados en la superficie del mar,
no aparecieron ni las burbujas indicadoras de la
muerte del célebre viajero. El interés crecía por

momentos en presencia de aquel acontecimiento tan extraordinario. En esto se observó que la carabela iba a merced de las olas, pues el cable del ancla de proa flotaba sobre el agua. La consternación fué general y profunda. Si consultáis los papeles de Colón, encontraréis esta nota curiosa:

"E descobrióse quel pasagero ynglés se había apoderado del ancla, e vendídola por cierto oro e otras cosas de la tierra a los dichos salvages, e decíales quera un amuleto."

Sin embargo, sería imposible negar los buenos instintos de mi antepasado. El fué quien primero trabajó por la disciplina y elevación de los naturales de América, pues construyó una gran cárcel y puso enfrente una horca. Aunque la crónica de donde sacamos estas noticias deja en blanco muchos hechos de mi ilustre antepasado, cuenta que un día, como fuese a ver el funcionamiento de la horca, por un accidente voluntario de parte de los naturales, Twain quedó colgado en ella. A él corresponde, por consiguiente, el honor de haber sido el primer blanco que mecieron las brisas americanas, con el cuello afianzado en el extremo inferior de una cuerda europea. La cuerda, al parecer, le causó lesiones en el cuello, y el primer Twain de América falleció a los pocos instantes de colgado.

He dicho que Juan Morgan Twain fué mi bisabuelo; pero debe entenderse el sentido retórico de la expresión. Uno de los descendientes de aquel malogrado precursor, floreció en mil seiscientos y tan-

11

tos. Se le conocía en muchos países con el nombre
del *Almirante*. La historia lo menciona y le atribuye otros títulos de que hablaremos en su oportunidad. Mandaba embarcaciones muy rápidas. La
velocidad era parte esencial para el negocio de las
flotas de aquel antepasado. También se preocupaba mucho por llevarlas bien municionadas y armadas con muchos cañones, bocamartas y picas de
abordaje. Prestó grandes servicios para hacer más
activo el comercio marítimo. En efecto, cuando
mi antepasado llevaba cierto rumbo, los navíos que
iban delante desplegaban todas sus velas para cruzar el Océano. Si alguna embarcación se retardaba
y por una de tantas causas que no averiguaba bien
mi antepasado, quedaba cerca de las flotas del Almirante, éste sufría un acceso de furor y castiga-
ba al buque retardado llevándoselo consigo. Más
tranquilo ya, conservaba el navío, con su tripulación y cargamento, en espera de los armadores y de
los consignatarios de la mercancía; pero estos hombres eran tan indolentes, que no iban a reclamar
bienes de su legítima propiedad, y mi antepasado
tenía que apropiárselos para que no se perdieran.
A veces eran tan perezosos los tripulantes de los
navíos retardados, que el Almirante les prescribía
baños de mar, y los marineros que tomaban esos baños gustaban mucho de ellos. Pocas veces volvían
a pisar la cubierta después de comenzar el higié-
nico chapuzón. Un acontecimiento desgraciado cor-
tó la carrera del Almirante. Su viuda creía que si

en vez de la carrera de su esposo se hubiera corta-
do la cuerda de que se le suspendió, no habría
muerto aquel hombre en la plena madurez de sus
años y en medio de la carrera de sus triunfos. Estos le valieron que la historia le designase con el
nombre de pirata.

Carlos Enrique Twain vivió a fines del siglo xvii.
Era un misionero tan celoso en el cumplimiento de
sus deberes, como grande por la excelsitud que
alcanzaron sus facultades. Convirtió a 16.000 naturales de las islas del Pacífico. Tenía tal conocimiento de los textos sagrados, que convenció a aquellos infelices paganos de la insuficiencia de un co-
llar de dientes de perro y unas gafas para cubrir
la desnudez del cuerpo durante las ceremonias del
culto divino. Sus feligreses le querían tanto, y tanto le apreciaron, que, cuando murió, se chupaban
los dedos y decían que aquel era el más delicioso
de los misioneros. Hubieran querido otros como él
para repetir el fúnebre banquete. Pero no todos los
días nacen misioneros que dejen un sabor tan agradable en los paladares del trópico.

La segunda mitad del siglo xviii tuvo por gloria y ornamento la vida del más intrépido de los
Twain. Era designado entre sus compatriotas los
pieles rojas con un nombre expresivo: decíasele
*el Gran Cazador de Ojo de Cerdo. (Pagago-Paga-
gua-Puquequivi.)* Prestó sus servicios a Inglaterra
contra el tirano Washington. El guerrero indio, antepasado mío, fué el que disparó diez y siete veces

contra el mencionado Washington, ocultándose, en el tronco de un árbol. Es exacta, por lo tanto, la poética narración de los libros escolares; pero éstos engañan al público cuando afirman que después del disparo número 17 de su mosquetón, el guerrero dijo: "El Gran Espíritu reserva a este hombre para una misión importante", y que ya no se atrevió a seguir sus disparos. Lo que dijo fué: "Yo no pierdo mi pólvora y mis balas. Ese hombre está borracho, y no puedo hacer blanco." Tal es la verdad histórica. ¿No os parece que debemos preferir las narraciones recomendadas por el buen sentido, y que tienen el acento y el perfume de la probabilidad?

A mí me gustaban mucho las anécdotas de indios de los libros escolares; pero no vamos a creer que por el simple hecho de errarle dos tiros a un blanco, todo indio creyese que el soldado de los dos tiros había escapado ileso a causa de una predestinación del Gran Espíritu para fines ulteriores. Y si me decís que fueron 17 los disparos contra Washington, yo os contestaré que en un siglo la historia convierte dos tiros en 17 y aun en 17.000. Sería curioso que de todos los indios profetas sólo el de Washington acertase, ya que no en los tiros, en la profecía. No habría libros bastantes para consignar las profecías que han hecho los indios y otras personas graduadas en la misma facultad; es decir, las profecías que no se cumplieron. Ahora, si venimos a las que se cumplieron, yo podría llevar todas ellas en los bolsillos de mi gabán, y me sobrarían bolsillos. Debo advertir de paso, que muchos de mis antepasados fueron muy conocidos por sus apodos. Como la historia los ha consignado, creo que no vale la pena de extenderse en este punto de la vida secular de nuestra familia. ¿Quién no sabe que fueron miembros de ella el célebre pirata Kidd, Jack, *el Destripador*, y aquel incomparable Barón de Münchhausen, gloria de las letras? Tampoco mencionaré a los parientes colaterales, y hablando de ellos en globo, diré solamente que se distinguieron de la rama principal en un rasgo curioso. Efectivamente, los Twain murieron colgados; los otros murieron en sus camas, de muerte natural, lamentados por los compañeros de presidio.

Yo aconsejo a todos los que escriban autobiografías que se detengan en el margen de los tiempos modernos. Así, basta una mención vaga y genérica del bisabuelo. De allí se salta al autobiografiado.

Siguiendo este consejo diré que yo nací privado en absoluto de dientes. En esto me aventajó Ricardo III; pero no nací con joroba, y en esto yo le llevé la ventaja. Mis padres no fueron excesivamente pobres ni notablemente honrados.

Al llegar a este punto, un pensamiento asalta mi mente. ¿Escribiré una autobiografía que parecería pálida, comparada con la de mis remotos antepasados? Es de sabios mudar de opinión, y después de haber meditado, creo que mi vida no merecerá escribirse sino cuando se me haya llevado a la horca. ¡Cuán feliz sería el público si las biografías de otros hombres se hubieran contraído a hablar de los antepasados, en espera del acontecimiento a que hago referencia!

II

NOCHE DE ESPANTOS

> *De las capas calizas de Fort Dodge, Iowa, Estados Unidos, se sacó un enorme bloque, Modelada una figura humana, informe y gigantesca, el monolito fué enterrado cerca de Cardiff, Condado de Ondaga, Estado de Nueva York, en 1868. Al año siguiente se anunció el descubrimiento de un hombre petrificado que alcanzó mucha celebridad y fué conocido con el nombre de Gigante de Cardiff. El Profesor de la Universidad de Yale, Othniel C. Marsh, puso de manifiesto que no había tal hombre petrificado de Cardiff, sino un fraude, y practicadas las averiguaciones correspondientes, George Hall, de Birmington, confesó que él había hecho aquella maniobra para desacreditar la creencia en los gigantes de que habla el Génesis (VI. 4).*

El cuarto que yo elegí estaba en uno de los pisos superiores. El vetusto caserón se halla situado en la parte alta de Broadway. Esos pisos habían estado sin alquilar durante largos años. Mi cuarto, muy cómodo y espacioso, era la morada del polvo y de las telarañas, de la soledad y del silencio. Cuando lo recorrí para entrar en posesión de mis nuevos dominios, tuve la sensación medrosa del que anda entre tumbas e invade la vida privada de los muertos. Reconozco que en esa noche me asaltó por primera vez el miedo supersticioso a lo desconocido. Al dar la vuelta en un recodo de la escalera, sentí que se me enredaba en la cabeza una inmensa telaraña, y esto produjo en mí el mismo efecto que si hubiera encontrado un espectro.

Llegué a mi cuarto, y fué muy grata la emoción que me dominó cuando la luz del gas y el aire que entraba por las ventanas disiparon simultáneamente las tinieblas y el olor a cripta. Me senté cerca de la chimenea, sintiendo en el corazón la alegría que nos comunica siempre la llama coruscante del hogar. A lo que me parece, permanecí dos horas junto al fuego, absorto en los recuerdos de tiempos idos y de seres que resurgían de las brumas del olvido. La imaginación reproducía el acento de voces que habían enmudecido para siempre, y de canciones que ya nadie entonaba en torno mío. El ensueño iba rodando por la pendiente de una suave melancolía, cada vez más íntima y enternecedora. Fuera, el rumor del viento bajaba su diapasón hasta convertirse en un suave gemido. El golpe rudo del agua sobre los cristales de las ventanas, fué disminuyendo paulatinamente, y ya sólo se oía una discreta y velada cadencia. Se apagaban los múltiples ruidos de la avenida, y cuando de vez en cuando se oía el rumor de los pasos precipitados de algún trasnochador, ese rumor se alejaba, dejando atrás el más profundo silencio.

El fuego de la chimenea moría también, y mi corazón era invadido por un sentimiento de soledad. Dejé al cabo la butaca para desnudarme, y sin saber por qué, todos mis movimientos eran discretos y furtivos. Andaba sobre las puntas de los pies, como si temiese despertar una legión de enemigos que al abrir los ojos se lanzarían sobre mí. Después de meterme en la cama, seguía con el oído aguzado los rumores del viento y de la lluvia, y el ruido distante de las persianas de otras casas, hasta que me quedé dormido al arrullo de esa música. Algo me despertó, y al turbarse mi sueño, sentí que una expectación angustiosa me invadía. Todo estaba en quietud completa; todo, menos mi corazón, cuyas palpitaciones llegaban a mi oido. Sentí que las mantas se deslizaban suavemente hacia los pies de la cama, como si alguien tirara de ellas con mucha precaución. Yo permanecía inmóvil y sin voz. El movimiento de las mantas siguió, hasta que me quedó todo el pecho descubierto. Yo me sobrepuse al terror, haciendo un esfuerzo supremo de la voluntad, y tiré de la sábana hasta cubrirme la cara. Volví a quedar inmóvil y silencioso, esperando angustiosamente. Una vez más, las mantas comenzaron a deslizarse, y una vez más, yo esperé durante un siglo de eternos segundos a que mi pecho quedara descubierto. Apelando entonces a toda la energía de que soy capaz, me atreví a tirar de las mantas, y después de volverlas a su sitio, las así con fuerte mano. Volví a esperar. Pocos instantes después, percibí un suave tirón, y yo aumenté la resistencia. El tirón se hizo entonces persistente, y su violencia fué creciendo poco a poco. Dejé de resistir, y por tercera vez me encontré con el pecho descubierto. Lancé una queja, y otra queja me contestó desde los pies de la cama. Yo sentí que la frente se me cubría de sudor, y que las gotas eran como abalorios. En verdad, estaba más muerto que vivo, y mi angustia no tuvo límites cuando oí pasos en la alcoba. A juzgar por su pesadez, debían de ser pasos de elefante. Con toda seguridad, no eran de ser humano. Lo único que me tranquilizaba—si en ello podía caber tranquilidad—, era que los pasos se alejaban de mi cama. Oí claramente que se acercaban a la puerta y que sin mover pestillo ni cerrojo, transponían el umbral, salían de la habitación y se alejaban por los solitarios corredores, cuyo pavimento chirriaba siempre que desaparecía la misteriosa presión. Por fin, reinó de nuevo el silencio.

Calmada algún tanto mi excitación, yo me dije:

—He soñado, sin duda. He tenido una horrible pesadilla.

Y comencé a cavilar, hasta quedar convencido de que había soñado. Lancé una carcajada de satisfacción, y la calma renació en mi pecho. Me levanté, encendí la luz, y pude cerciorarme de que los cerrojos estaban bien corridos. Otra vez asomó a mis labios una risa jovial que salía del corazón. Tomé la pipa, la encendí, y estaba sentándome frente a los rescoldos de la chimenea cuando... la pipa cayó de mi mano desfallecida, la sangre abandonó mis mejillas y mi tranquila respiración fué interrumpida por un movimiento de agonía. Vi en las cenizas de la chimenea, junto a la huella de mi pie desnudo, otra huella de un pie tan grande que, en comparación, el mío pudiera parecer el de un recién nacido. ¡Alguien había entrado en la habitación! ¡En esa huella estaba la explicación de los pasos del elefante!

Apagué la luz, y volví a meterme en la cama, paralizado por el terror. Largo tiempo permanecí con la vista fija en las tinieblas, y el oído atento a cualquier sonido que interrumpiera el profundo silencio de la noche. Después de larguísima espera, oí un ruido discordante sobre mi cabeza, como si lo produjera el arrastre de un cuerpo pesado en el pavimento del otro piso. Ese cuerpo cayó, y el choque produjo un sacudimiento en mis persianas. A la vez, oí ruido sordo de puertas en otros departamentos del edificio. De vez en cuando iban y venían pasos furtivos por los corredores, y subían y bajaban por las escaleras. Los pasos llegaban delante de mi puerta, vacilaban y volvían a alejarse. A lo lejos sonaba un ruido de cadenas, apenas perceptible; pero si aplicaba el oído, advertía que el golpe era más acentuado, que se repetía en penoso ascen-

so por las escaleras, y que cada movimiento del
duende estaba marcado por la punta de la cadena
al caer ésta en el escalón de abajo, conforme subía
el ser sobrenatural. Oía frases, oía gritos ahogados por una súbita interrupción, oía el rumor de
vestidos invisibles y el movimiento de invisibles
alas. Después tuve conciencia de que mi estancia
era invadida. Yo no estaba solo. Oí una respiración
anhelosa junto a mi cada. Por último, percibí un
misterioso cuchicheo. Tres esferitas de una luz suave y fosforescente brillaban en el cielo raso, exactamente sobre mi cabeza. Una de las esferitas cayó
sobre la almohada y dos sobre mi cuerpo. Las tres
se apagaron, se licuaron y se calentaron. La intui-
ción me dijo que al desprenderse y caer, las esferitas se habían convertido en sangre, y no necesité
de la luz para persuadirme de ello. Después vi ros-
tros pálidos, vagamente luminosos, manos blancas
que se levantaban, objetos incorpóreos que flotaban
en el aire y que desaparecían. El cuchicheo cesó,
cesaron las voces, cesaron los sonidos, y reinó el silencio, un silencio solemne. Yo escuchaba inmóvil.
Sentía que si no encendía una luz, aquél sería el momento de mi muerte. Pero el terror me paralizaba.
Gradualmente fui incorporándome hasta quedar
sentado. ¡Mi frente estaba en contacto con una mano viscosa! Perdí las fuerzas, y caí de espaldas como herido por un ataque medular. Oí el rumor de
un vestido talar que se arrastraba, que trasponía la
puerta y se alejaba.

Cuando sentí que el silencio reinaba en torno mío, salté de la cama, débil y doliente. Encendí el gas con mano trémula, como la de un octogenario, o más bien, de un centenario. El fulgor del mechero me reanimó. Acercándome a la chimenea, caí en una muda contemplación de la huella impresa en las cenizas. Sus contornos iban paulatinamente borrándose y desapareciendo. Levanté la vista, y noté que la llama del gas disminuía. En aquel momento percibí de nuevo los pasos del elefante. Se acercaban, se acercaban por los húmedos corredores, y a medida que los pasos se acercaban, la luz de desvanecía. Los pasos llegaron al umbral de mi puerta, y se detuvieron en ella. El mechero del gas despedía una luz azul y mortecina, y todos los objetos que me rodeaban estaban envueltos en una penumbra espectral. No se abrió la puerta, y, sin embargo, yo sentí que una corriente de aire frío me azotaba las mejillas. Delante de mí había una presencia informe, gigantesca y nebulosa. Yo la miraba con ojos fascinados. Todo aquel ser despedía un vago resplandor. Gradualmente tomaron forma precisa los repliegues de la masa nebulosa. Apareció un brazo, y después del brazo dos piernas; se destacó el contorno de un cuerpo, y por último emergió de aquel vapor un rostro triste. ¡Despojado de sus envolturas, desnudo, musculoso, afable, apareció ante mí la majestad del *Gigante de Cardiff!*

Todas mis zozobras se disiparon, pues hasta un niño hubiera sentido que era imposible recibir daño alguno de aquel ser bondadoso. La alegría renació en mi alma, y como si estuviera en perfecta simpatía conmigo, la luz del gas se reanimó al mismo tiempo. Jamás se vió en el mundo a un hombre que después de estar condenado a la reclusión y al abandono, volviese otra vez a disfrutar de los beneficios de la vida social, tan feliz como yo me sentí entonces, acompañado por el amigo gigante, a quien dije:

—¡Cómo! ¿Eres tú? He pasado un miedo espantoso durante tres horas. Me alegro mucho de verte. Siento no tener una silla que pueda poner a tu disposición... Mira, siéntate aquí. No; allí, no.

Pero ya era tarde cuando lo dije. No pude contener al *Gigante*, y la silla crujió. En los días que llevo de vida, no he visto silla que se sacudiera como aquélla.

—¡Detente, detente! Vas a...

Una vez más, mis palabras llegaron muy tarde. Se oyó otro crujido, y otra silla quedó reducida a sus elementos originales.

—¡Pero, condenado! ¿No tienes juicio? ¿Te has propuesto dejar esta casa sin muebles? Ven, ven, loco de mil demonios...

Todo era inútil. Se dirigió a la cama, y en un instante, ésta fué un campo de ruina y desolación.

—¿Qué hacer? No veo camino. Recorres la casa como un torbellino, acompañado de una legión de seres del otro mundo, y me llenas de zozobras mortales. Y por más que tolero la indelicadeza de tu traje, que ninguna persona culta permitiría, salvo en los buenos teatros, aunque ni en éstos sería lícito el desnudo de individuos de tu sexo, pagas toda mi generosidad haciendo pedazos los muebles en que se te antoja tomar asiento. Y todo, ¿para qué? No te aprovecha, y sales tan maltratado como los muebles. Te has roto el vértice de la columna vertebral. Has arrancado lascas de todo tu cuerpo, y las has desparramado por el pavimento. Parece que estamos en una marmolería. Debías tener vergüenza, en consideración a tu edad y estatura, que no se avienen con tales procedimientos.

—Bien está; dejemos esto. Ya no romperé los muebles. Pero ¿qué voy a hacer? En un siglo no he tenido ocasión de sentarme.

Al decir esto, las lágrimas brotaron de sus ojos.

—¡Pobre!—dije—. No debí haber sido tan severo. Además, casi tengo la seguridad de que eres huérfano. Pero siéntate aquí. Mira en torno tuyo, y te convencerás de que ningún mueble resiste tu peso. Además, si te obstinas en quedar a mayor altura que yo, será imposible un vínculo social entre nosotros. Yo me subiré a este taburete de tenedor de libros, y así podremos vernos las caras.

Obedeciendo a mis indicaciones, se tendió sobre el pavimento. Le ofrecí una pipa. Fuí a la cama, tomé una de mis mantas rojas y se la eché sobre los hombros. Le coloqué un barreño invertido en la cabeza. En suma, lo puse a la vez cómodo y pintoresco. Mientras yo avivaba el fuego, él cruzó las piernas y expuso al calor amoroso de la llama las plantas esponjosas de sus prodigiosos pies.

—¿Por qué tienes así los pies y las piernas?

—Unos malditos sabañones que me salieron en el cortijo de Newell. Con todo, le tengo cariño a aquel lugar. Son los viejos amores, que no olvida uno. Allá siento en todo su valor lo que es la verdadera paz del alma.

Después de media hora de conversación, notando su fatiga, le hablé de ella.

—¿Dices que estoy cansado?—preguntó—. Sí, es verdad. Y ya que he recibido un tratamiento tan afable, voy a decirlo todo. Soy el espíritu del *Hombre Petrificado*, que habita allí enfrente, en el Museo. Soy el espíritu del *Gigante de Cardiff*. No tendré paz ni descanso hasta que den sepultura a ese pobre cuerpo. Y entretanto, ¿qué puedo ya hacer para que los hombres satisfagan un deseo tan legítimo? ¡Aterrorizarlos, aparecerme en los sitios circunvecinos! Todas las noches lo hacía en el Museo, y aun logré que cooperaran otros espíritus. Pero fué inútil mi actividad, pues nadie va al Museo por las noches. Entonces me ocurrió atravesar la calle y dar fiesta en esta casa. Yo tenía la seguridad de que en cuanto se me oyese, todo el mundo encontraría palpable la justicia de mi causa, pues contaba con gente de toda confianza. Noche a noche hemos recorrido los lúgubres y húmedos corredores, arrastrando cadenas, suspirando, cuchicheando, dando meneos formidables a las escaleras.

Llegó un momento en que, si to he de decir la vendad, me sentí cansado de esta vida. Pero hoy, que vi luz en tu habitación, cobré nuevos bríos y emprendí las operaciones con el vigor que les daba en otro tiempo. El ejercicio ha sido tal, que he quedado sin respiración. ¿Podrías darme alguna esperanza?

Yo exclamé desde lo alto de mi taburete:

—¡Esto supera a cuanto pudiera imaginarse! Tus sufrimientos, pobre fósil, son completamente inmotivados. ¿Ignoras acaso que tu aparición es la de un vaciado en argamasa? ¡El verdadero *Gigante de Cardiff* está en Albania! ¿Es posible que hayas llegado a confundir tus propios restos?

—¿Pero pretendes que yo no soy yo?

—No lo pretendo; lo sé. Y voy a demostrártelo. La falsificación original, o sea el coloso auténtico, está actualmente en Albania. Allí se exhibe, y la muchedumbre se agolpa en el Museo para ir a verlo.

—Y yo, ¿quién soy entonces?

—¿Tú? Tú eres un duplicado ingenioso y fraudulento. Se te llama, es verdad, *el único Gigante legítimo de Cardiff*. ¡Pero eres de argamasa! Y lo pondrán en claro los dueños del coloso de piedra.

No podría describiros la vergüenza y la humillación que se pintaron en el rostro del *Gigante de Cardiff*.

El Hombre Petrificado se puso en pie, y me dijo con expresión sincera:

—¿Honradamente es verdad eso que estás diciendo?

—Es una verdad tan palmaria, como que estoy subido en esta torre de tenedor de libros.

Se quitó la pipa de los labios, y la dejó sobre la repisa de la chimenea. Después permaneció un momento en actitud vacilante. Inconscientemente, y como consecuencia de un hábito inveterado, llevó las manos al lugar en que debía haber tenido los bolsillos de los pantalones. Inclinando la cabeza sobre el pecho, dijo:

—Jamás me sentí tan ridículo y absurdo. *El Hombre Petrificado* ha perdido su reputación en todas partes, y ahora vemos las consecuencias de este fraude vil, hasta en la situación a que se ve reducida su pobre alma en pena. Hijo mío, si te queda una chispa de caridad, concédesela a este pobre fantasma, sin un solo amigo en Nueva York, y no vayas a contar nuestra aventura. Piensa lo que tú sentirías si hubieras hecho una estupidez semejante.

* * *

Se oía a lo lejos morir el ruido de los pasos en la desierta calle, después de que el *Gigante* hubo bajado lentamente la escalea. Yo sentía su ausencia—¡pobre hombre sin autenticidad!—y la sentía tanto más cuanto que se había llevado mi manta roja y un barreño.

III

SOBRE LA DECADENCIA EN EL ARTE DE MENTIR

Memoria presentada a la Sociedad de Historia y Arqueología de la Universidad de Harvard, y leída por el autor en sesión pública.

Comenzaré por afirmar que la costumbre de mentir no ha sufrido interrupción o decadencia. No; la Mentira es eterna, como Virtud y Principio. La Mentira, como recreo, como consuelo, como refugio en la adversidad; la Mentira como Cuarta Gracia, como Décima Musa, como la mejor y la más segura amiga del hombre, es inmortal y no podría desaparecer de la tierra sino cuando desapareciera el círculo. Pero hagamos una distinción de rigor científico. No hay hombre de inteligencia elevada y de sentimientos rectos, que vea las mentiras torpes e inestéticas de nuestra edad, sin lamentar en el fondo de su corazón la prostitución de una de las Bellas Artes. Distingamos, pues, entre costumbre y belleza; entre lo que es útil y lo que eleva el espíritu. Mis afirmaciones pesimistas llevarán un sentido exclusivamente artístico.

2 9

Tengo la honra de dirigirme a un grupo ilustre de veteranos de la investigación histórica, y mis palabras deben cubrirse con el velo de la modestia y de la circunspección. ¿Podría una solterona infecunda dar consejos a las respetables matronas de Israel? Yo no os censuro, señores Académicos; reconozco que sois mayores en edad, y reconozco también vuestra superioridad en la materia especial, objeto de esta Memoria. Aunque aparezcan irreverentes tales o cuales de mis observaciones, yo las formularé en un sentido de admiración y no de contradicción. Creo en verdad, y lo digo con profunda emoción, que mis lágrimas serían superfluas y vanas mis lamentaciones, si la más bella de las artes bellas hubiera merecido de toda la humanidad la misma celosa veneración y la misma práctica concienzuda y progresiva de que la hace objeto esta ilustre corporación. Mis palabras no llevan el propósito de envilecerse con la lisonja. Hablo inspirado por una justa y leal apreciación de vuestra larga historia científica. Podría citar numerosos ejemplos de vuestros méritos; pero el rigor de una exposición objetiva me veda toda alusión personal.

Entre los hechos que la observación ha comprobado mejor, se destaca éste: la mentira se perpetúa porque es una institución fundada sobre los más sólidos cimientos de la necesidad. Y no sería preciso agregar que si las circunstancias imponen la mentira, ésta toma en tal caso todos los caracteres de la virtud. Ahora bien, sabemos por la historia de la humanidad que ninguna virtud alcanza el grado de suma perfección sin un cultivo esmerado y diligente. Luego si la Mentira es una Virtud y una Arte Bella, y si no puede llegarse a la perfección en la Virtud y en el Arte sin la educación, ¿no se sigue que el hogar, la escuela pública, la prensa y la tribuna deben impartir la enseñanza de la mentira? El embustero ignorante e inhábil no tiene armas para luchar contra el embustero instruído y experto. ¿Cómo puedo yo bajar a la arena y medir mis armas con las de un abogado? Este ha cultivado la mentira juiciosa. Ahora bien; esa es la mentira que necesitamos para nuestra perfección moral, intelectual y material. Sería mil veces preferible no mentir que mentir con poco juicio. Una mentira torpe, carente de valor científico, es, a veces, tan desastrosa como una verdad.

Acudamos a los archivos de la filosofía, y veamos lo que nos enseñan los grandes maestros. No tenéis más que recordar un antiguo proverbio que dice: "Los niños y los locos dicen *siempre* la verdad." La inferencia es tan clara como el agua de la fuente cristalina. Los adultos y los sabios jamás la dicen. El historiador Parkman afirma en cierto pasaje de sus obras inmortales: "El principio de la verdad puede llevar al absurdo." Y en otro pasaje del mismo capítulo, añade el egregio historiador: "Es una verdad muy antigua la que nos enseña que la verdad no es siempre oportuna. Son peligrosos todos aquellos imbéciles a quienes su conciencia corrompida arrastra hasta el grado de violar habitualmente este principio." Las palabras de Parkman tienen tanto vigor como acierto. Nadie podría vivir con una persona que dijera siempre la verdad. Pero demos gracias a Dios: esas personas no existen. Un hombre regularmente veraz sería un ser imposible. Ese hombre no existe. Jamás ha existido. Hay, es verdad, quienes pretenden no haber mentido. Pero esas personas viven engañadas por una ilusión. Todo el mundo miente. Y miente cada día. Y miente muchas veces por hora. Miente despierto. Miente dormido. Cuando soñamos, cuando gozamos, cuando lloramos estamos mintiendo. La lengua no habla; está inmóvil. ¿Pero qué importa? Las manos, los pies, los ojos, la actitud, engañan, y lo hacen con un propósito deliberado. Aun en los sermones... Omito la observación por su misma vulgaridad.

Yo viví en un país lejano, hace ya mucho tiempo. En ese país las señoras se visitaban, pretextando amablemente que lo hacían para verse unas a otras. Cuando una de esas señoras volvía a su casa, exclamaba con júbilo:

—He hecho diez y seis visitas, y en catorce no he encontrado a la señora de la casa.

Examinemos esta frase. ¿Qué significa? No que la visitante hubiera creído encontrar algo muy desagradable en esas catorce casas, consumando las

catorce visitas. De ningún modo. La frase significa
que catorce personas no estaban en casa, y que la
visitante derivaba una satisfacción intensa del hecho de haber salido del paso dejando catorce tar-
jetas. Tenemos, pues, en primer lugar, el supuesto
deseo de ver a catorce personas y el gusto de no
verlas. En el otro caso, el vago disgusto de encontrar a quien no se hubiera querido ver. Las dos
mentiras se manifiestan en forma suave y habitual.
¿Son excusables esas mentiras? Lo son, con toda
evidencia. Además, no sólo son excusables, sino que
son expresiones bellas y nobles de un corazón ge-
neroso. ¿Qué fin se propone la persona que así
miente? No se propone lucrar. Su fin único es agra-
dar a diez y seis personas.

El hombre veraz, de alma de hierro, sería desagradable, y lo sería sin objeto alguno, pues diría
explícita o implícitamente que no tenía el menor
deseo de ver a sus amigos. Ese hombre sería un
asno, y sus coces harían sufrir inútilmente a todos
aquellos que tuviesen la pena de entrar en contacto
con él.

No sólo mentían las señoras, pues hasta los caba-
lleros de aquel país lejano eran embusteros. Y no
hallé una sola excepción. Decían:

—¿Cómo está usted?

Esta pregunta era una mentira. No les interesaba
saber del prójimo sino cuando eran dueños de em-
presas funerarias. La pregunta referida tenía como
respuesta habitual una mentira. Nadie se ponía a

hacer un estudio concienzudo de su salud antes de contestar, y el interpelado contestaba al azar lo primero que se le ocurría. Si encontrabais al dueño de una funeraria, le decíais que vuestra salud era muy delicada. ¿Quién podía negarse a dar esa respuesta, sabiendo que causaba con ella un placer, y que se alimentaba una ilusión en el prójimo, sin compromiso para el que decía la dulce mentira?

En ese mismo país, cuando un extraño os visitaba, vuestro deber era decirle:

—¿A qué se debe el gusto de ver honrada esta pobre casa con una visita que me causa tanto placer?

En el fondo de vuestro corazón estabais diciendo:

—¿Por qué no estás en un país de caníbales y llegas allí a la hora del almuerzo?

Luego el visitante se ponía en pie para salir. Vosotros decíais en alta voz:

—¡Cómo! ¿Tan pronto?

Interiormente:

—Creo que ya me he quitado este cataplasma.

Y en la puerta:

—Hasta pronto.

Interiormente:

—¿No habrá tejas que caigan sobre estos monstruos de pesadez?

Vuestras palabras no engañaban ni herían. Si hubieran expresado la verdad, habría habido por lo menos dos personas embrolladas en una embarazosa displicencia.

Yo creo que la mentira cortés constituye un arte encantador y amable, susceptible de cultivo. La más alta perfección de las buenas maneras está formada por un soberbio edificio que en vez de piedras talladas tiene como material un conjunto de mentiras inocentes, graciosamente dispuestas y adornadas con primor.

Lo desolador es que tiende a prevalecer la verdad en sus formas brutales. Hagamos todo lo posible para desarraigar esta planta maligna. Una verdad que hiere, no vale más que una mentira hostil. No deberíamos pronunciar la una, como no pronunciamos la otra. El hombre que profiere una verdad odiosa, aun para salvar la vida, debería reflexionar que la vida de un ser desagradable no merece los sacrificios que se hacen por ella. El hombre que dice una mentira para ser útil a algún pobre diablo necesitado de ayuda, merece que los ángeles del cielo celebren sus embustes. Ese hombre es un embustero magnánimo.

La mentira desagradable es como la verdad cuando ésta hiere. El hecho ha sido consagrado por la ley sobre la difamación. Entre otras mentiras comunes, debemos mencionar la mentira silenciosa, el error a que se nos induce guardando silencio y ocultando la verdad. Muchos de los corazones más endurecidos por el hábito de la verdad, no hacen sino bajar la pendiente de la mentira silenciosa, imaginando que no mienten porque sus labios callan. En ese país lejano de que hablo, había una dama de ingenio encantador, de sentimientos nobles, de alma elevada, de intenciones rectas y de reputación sin mancha. Como yo dijese un día en su mesa que todos somos embusteros, ella se sorprendió grandemente.

—¿Todos?—preguntó.

—Todos—dije yo francamente—. Todos, sin excepción.

Ella se manifestó muy ofendida.

—¿Me cuenta usted en el número?

—Seguramente. Y ocupa usted un lugar elevado en la serie.

—¡Chitón! Hay niños...

Cambiamos de conversación a causa de la presencia de los niños. Pero cuando los niños se retiraron a dormir, la dama volvió a la carga, y me dijo:

—Observo como regla invariable no mentir. Jamás me he apartado de esta regla.

—Hablo con buena intención, y, sobre todo, no soy irrespetuoso. Pero, con toda atención sea dicho: usted, señora, miente sin interrupción desde que llegamos a esta casa. Yo he estado muy apenado por ello, pues no tengo el hábito de tales mentiras.

—¿En qué he mentido? Cite usted un ejemplo: uno solo.

—Muy bien. El Hospital de Oakland ha enviado una enfermera para que atendiera a uno de los niños. A la vez, se le remitió a usted un impreso para que consignara todas sus observaciones relativas a la conducta de la enfermera. ¿Se ha dormido cuando tenía que velar? ¿Ha olvidado dar la poción?" Y así sucesivamente. En el mismo impreso se recomienda la mayor exactitud y minuciosidad en los informes, pues el buen funcionamiento del servicio exige que la enfermera sea castigada, ya con multa, ya de otra manera, por cada una de sus faltas y negligencias. Pues bien: usted le atribuye a esa mujer todas las perfecciones, y a mí me ha dicho que no tiene defectos. Sin embargo, ¿cuántas veces ha dejado al niño tiritando de frío mientras se le mudaba y calentaba la cama? Vamos a la respuesta que usted dió en el impreso del Hospital: "¿La enfermera ha cometido alguna falta o ha sido negligente?" Aquí, en California, todo lo arreglamos con apuestas. Diez dólares contra diez centavos a que usted mintió en el informe.

—No mentí. Dejé la respuesta en blanco...

—Mentira silenciosa. Hace usted suponer que no tiene reproche la conducta de la enfermera.

—¿Esa es una mentira? Yo no podía inscribir el descuido en el informe. La pobre muchacha es excelente, bien intencionada, cumplida. Hubiera sido una crueldad anotarle esa falta.

—No hay que temer la mentira cuando la mentira es útil. La intención de usted era buena, pero le faltó discernimiento. La experiencia enseñará si se debe o no se debe mentir para hacer el bien. Observe usted el resultado de aquel juicio erróneo. Guillermito, el niño del señor Jones, tiene escarlatina. Como resultado de las recomendaciones de usted, la enfermera está en la casa. Toda la familia se entrega al sueño desde ayer, confiando en la excelencia de la enfermera. La pobre familia estaba agobiada por la fatiga, pero no se hubiera puesto en esas manos fatales a no ser por el informe. Usted, señora, como el niño Jorge Washington, ha alcanzado una fama... Mañana pasaré por usted, y si no tiene otra cosa que hacer, iremos al entierro. A usted evidentemente le asiste una razón personal para interesarse por Guillermito; una razón tan personal, si me atrevo a decirlo, como la del empresario...

Era inútil cuanto yo decía. Antes de que pudiera terminar mi discurso, ya la señora había tomado un coche y corría hacia la casa de Guillermito para salvar lo que aun quedaba de aquel pobre niño, y para decir lo que sabía sobre la enfermera funesta. Todo esto era perfectamente inútil, porque Guillermito no estaba enfermo. Yo había mentido. Pero en aquel mismo día la señora envió al hospital una carta para llenar el hueco y restablecer exactamente la verdad de los hechos.

Como veis, la falta de aquella buena señora no había consistido en la mentira, sino en la oportunidad de la mentira. Hubiera podido decir la verdad en el sitio indicado, y establecer la compensación consignando una mentira piadosa. Hubiera podido escribir, por ejemplo: "Esta enfermera posee todas las perfecciones. Jamás ronca cuando vela."

La mentira es universal. Todos mentimos. Todos debemos mentir. La prudencia consiste en mentir prudentemente, en mentir oportunamente, en

mentir con fines laudables. Hay que mentir para
hacer el bien al prójimo. En una palabra, hay que
mentir sanamente, por humanidad. Hay que mentir francamente; hay que mentir con valor; hay
que mentir con la cabeza erguida. No hay que mentir por egoísmo; no hay que mentir por crueldad;
no hay que mentir con tortuosidad y con miedo;
no hay que mentir como si estuviéramos avergon-
zados de la mentira.

La mentira es noble. Libremos, pues, a nuestro
país de la funesta verdad que lo inficiona. La mentira nos hará grandes, buenos, bellos, dignos de
habitar un planeta en el que la naturaleza miente
sin cesar, salvo cuando nos anuncia un tiempo execrable. ¿Pero qué podría yo agregar, novicio como
soy en el noble arte de la mentira? En vano in-
tentaría ponerme al nivel de los miembros de esta
augusta Sociedad.

Mintamos, señores; pero sepamos mentir, ya que
la mentira es una ley ineludible. Sepamos cuándo
se debe mentir y cuándo no se debe mentir. ¿Y
quién puede establecer las reglas precisas para saber si en un caso procede la mentira o si debemos
evitarla? Esta es una función delicadísima que, a
mi entender, sólo puede ser concienzudamente des-
empeñada por una Asociación como la vuestra, formada de personas, puedo decirlo sin adulación, a
quienes una larga práctica profesional acredita como maestros en el arte de la mentira.

IV

EL ARCA DE NOÉ INSPECCIONADA
EN UN PUERTO ALEMÁN

Nadie podrá negar que son muy notables los progresos realizados en el arte de la construcción naval desde los tiempos en que Noé puso a flote su arca. Las leyes de la navegación acaso no existían o no eran aplicadas en todo su rigor literal. Actualmente las tenemos tan sabiamente combinadas, que a la vista parecen papel de música. El pobre patriarca no podría hacer hoy lo que tan fácil le fué hacer entonces, pues la experiencia, maestra de la vida, nos ha enseñado que es necesario preocuparse por la seguridad de las personas dispuestas a cruzar los mares. Si Noé quisiera salir del puerto de Brema, las autoridades le negarían el permiso correspondiente. Los inspectores pondrían toda clase de reparos a su embarcación. Ya sabemos lo que es Alemania. ¿Imagináis en todos sus pormenores el diálogo entre el patriarca naval y las autoridades? Llega el Inspector, vestido irreprochablemente con su vistoso uniforme

militar, y todos se sienten sobrecogidos de respeto
a la vista de la majestad que brilla en su persona.
Es un perfecto caballero, de una finura exquisita,
pero tan inmutable como la propia estrella polar,
siempre que se trata del cumplimiento de sus deberes oficiales.

Comenzaría por preguntarle a Noé el nombre de
la población de su nacimiento, su edad, la religión
o secta a que perteneciera, la cantidad de sus ren-
tas o beneficios, su profesión o ejercicio habitual,
su posición en la escala social, el número de sus
esposas, de sus hijos y de sus criados y el sexo
y edad de hijos y criados. Si el patriarca no estuviera provisto de pasaporte, se le obligaría a re-
cabar todos los papeles necesarios. Hecho esto—
antes no—, el Inspector visitaría el arca...

—¿Longitud?

—Doscientos metros.

—¿Altura de la línea de flotación?

—Veintidós metros.

—¿Longitud de los baos?

—Diez y ocho a veinte.

—¿Material de construcción?

—Madera.

—¿Se puede especificar?

—Cedro y acacia.

—¿Pintura y barniz?

—Alquitrán por dentro y por fuera.

—¿Pasajeros?

—Ocho.

—¿Sexo?

—Cuatro hombres y cuatro mujeres.

—¿Edad?

—La más joven tiene cien años.

—¿Y el jefe de la expedición?

—Seiscientos.

—Por lo que veo, va usted a Chicago. Hará usted negocio en la Exposición.

—¿Nombre del médico?

—No llevamos médico.

—Hay que llevar médico, y también un empresario de pompas fúnebres. Son requisitos indispensables. Personas de cierta edad no pueden aventurarse en un viaje como éste sin grandes precauciones. ¿Tripulantes?

—Las ocho personas mencionadas.

—¿Las mismas ocho personas?

—Sí, señor.

—¿Contando las mujeres?

—Sí, señor.

—¿Han prestado ya sus servicios en la marina mercante?

—No, señor.

—¿Y los hombres?

—Tampoco.

—¿Quién de ustedes ha navegado?

—Ninguno.

—¿Qué han sido ustedes?

—Agricultores y ganaderos.

—Como el buque no es de vapor, necesita por lo

menos una tripulación de 800 hombres. Hay que procurárselos a toda costa. Es necesario tener también cuatro segundos y nueve cocineros. ¿Quién es el capitán?

—Servidor de usted.

—Se necesita un capitán. Y se necesita por lo menos una camarera, y ocho enfermeras para los ocho ancianos. ¿Quién ha hecho el proyecto y especificaciones del buque?

—Yo.

—¿Es su primer ensayo?

—Sí, señor.

—Ya lo suponía. ¿Qué efectos lleva usted?

—Animales.

—¿De qué especie?

—De todas.

—¿Son animales domésticos?

—Casi todos son animales en estado salvaje.

—¿Exóticos o del país?

—Principalmente exóticos.

—Enumere usted algunos de los animales más notables que se propone llevar en su viaje.

—Megaterios, elefantes, rinocerontes, leones, tigres, lobos, serpientes; en una palabra, llevo animales de todos los climas. Un par de cada especie.

—¿Las jaulas están solidamente construídas?

—No hay jaulas.

—Necesita usted proveerse de jaulas de hierro. ¿Quién es el encargado de dar alimentos y agua a las fieras?

44

—Nosotros.

—¿Los ocho ancianos?

—Sí, señor.

—Es peligroso para las fieras, y sobre todo para los ancianos. Se necesita tener empleados competentes, de mucha fuerza y habituados a este trabajo. ¿Número de animales?

—Grandes, siete mil. Contados todos, grandes, medianos y pequeños..., noventa y ocho mil.

—Necesita usted mil doscientos empleados. ¿Qué métodos de ventilación ha adoptado usted? Y diga antes, ¿cuántas ventanas y puertas tiene la embarcación?

—Dos ventanas.

—¿En dónde están?

—Junto al alero.

—¿Y un túnel de doscientos metros cuenta sólo con dos respiraderos? ¡Imposible permitir esto! Hay que abrir ventanas y hay que instalar el alumbrado eléctrico. No se puede permitir la salida sin que esta embarcación lleve por lo menos una docena de luces de arco y mil quinientas lámparas incandescentes. ¿Número de bombas?

—No tenemos bombas.

—Debe usted comprar bombas. ¿De dónde se procura usted el agua para las personas y para los animales?

—Bajamos cubos por las ventanas.

—Eso no se puede aceptar. ¿Fuerza motriz?

—¿Fuerza... qué?

—Fuerza motriz. Ponga usted atención: ¿cómo echa usted a andar el barco?

—Yo no empleo fuerza. Anda solo.

—Necesita usted, o bien velas, o bien vapor. ¿Timón?

—No hay timón.

—¿Cómo gobierna usted la embarcación?

—No la gobernamos.

—Necesita usted instalar todo lo relativo al timón. ¿Anclas?

—No las tenemos.

—Seis por lo menos. Si no lleva usted seis anclas, no se le permitirá zarpar. ¿Lanchas de salvamento?

—No hay.

—Anote usted veinticinco. ¿Salvavidas?

—Tampoco.

—Anote usted dos mil. ¿Cuánto tiempo va a durar la travesía?

—Un año más o menos.

—Me parece larga. Con todo, llegará usted a tiempo para la Exposición. ¿Qué lámina ha empleado usted para el casco?

—No hay lámina.

—Pero, hombre de Dios, la broma va a taladrar el barco, y antes de un mes no será barco sino criba. Está usted irremediablemente destinado a habitar los profundos abismos del Océano. Si no se pone un buen refuerzo metálico, no saldrá usted. Y olvidaba hacerle a usted una advertencia.

Chicago está en el interior del continente, y este buque no puede llegar hasta allá.

—¿Chicago? ¿Pero qué es eso de Chicago? Yo no voy a Chicago.

—¿De veras? Pero entonces no comprendo el objeto de llevar tantos animales a bordo.

Son animales de reproducción.

—¿No son suficientes los que hay en el mundo?

—Lo son para el estado actual de la civilización; pero como los otros animales van a ser ahogados por el diluvio, éstos servirán para asegurar la perpetuación de sus especies.

—¿Diluvio dice usted?

—Sí, señor. Un diluvio.

—¿Tiene usted la seguridad?

—Absoluta. Lloverá durante cuarenta días con sus noches.

—¿Y eso tiene a usted preocupado? Aquí llueve hasta ochenta días con sus noches.

—Pero no se trata de una lluvia de esas. La que va a venir cubrirá las cimas de las más altas montañas, y desaparecerá la superficie de la tierra.

—Si así es—y le hago a usted una advertencia oficiosa,—no queda a su elección el vapor o la vela: tiene usted que proveerse de máquinas de vapor. pues no podrá usted llevar agua para once o doce meses. Además necesita usted una potente destiladora.

—Ya digo que echaré cubos por las dos ventanas.

—¡Vaya una simpleza! Antes de que el diluvio
haya cubierto las más altas montañas, toda el agua
dulce estará hecha una salmuera por efecto del
agua de mar. Necesitará usted una máquina de
vapor para destilar el agua. Veo, en efecto, que
este es el primer paso que da usted en el arte de la
construcción naval.

—Es verdad; no había hecho estudios especia-
les, y he procedido sin conocimiento de las nociones respectivas.

—Considerando las cosas desde ese punto de
vista especial, me parece muy notable la obra de
usted. Yo juraría que jamás se ha botado al agua
una embarcación de carácter tan extraordinario.

—Agradezco mucho los elogios con que usted se
sirve favorecerme. El recuerdo de su visita será
imperecedero. Mil gracias, mil gracias. Adiós,
señor.

¡Inútil es que digas adiós, viejo y venerable pa-
triarca! Bajo el exterior afectuoso y cortés de ese
Inspector alemán, se oculta una voluntad de hierro.
Yo te juro, viejo y venerable patriarca, que el
Inspector no autorizará tu partida.

V

MI RELOJ

Mi magnífico reloj anduvo como un reloj durante año y medio. No se adelantaba ni se retardaba; no se detenía. Su máquina era la imagen de la exactitud. Llegué a considerar a mi reloj como infalible en sus juicios acerca del tiempo. Arraigaba en mí la convicción de que la estructura anatómica de mi reloj era imperecedera. Pero yo no contaba con que un día—una noche, más bien—lo dejé caer. Ese accidente me afligió, y vi claramente el presagio de una desgracia irreparable. Poco a poco logré serenarme y abandonar mis presentimientos supersticiosos. Sin embargo, para mayor seguridad, llevé mi reloj a la casa más acreditada en el ramo, con el objeto de que lo arreglara un especialista de indiscutible pericia. El jefe del establecimiento examinó atentamente mi reloj. Su fallo fué este:

—Tiene cuatro minutos de retraso. Hay que mover el regulador.

Yo quise detener el impulso de aquel hombre y hacerle comprender que mi reloj no tenía retraso. Pero fué inútil. Agoté todos los argumentos de la lógica. El relojero afirmaba que mi reloj tenía cuatro minutos de atraso, y que era necesario mover el regulador. Yo me agitaba angustiosamente, imploraba clemencia, suplicaba que no se atormentase aquella máquina fiel y exacta. El verdugo consumaba fría y tranquilamente el acto infame.

Naturalmente, el reloj comenzó a adelantarse. Diariamente corría más. Pasó una semana, y la precipitación de mi reloj anunciaba claramente una fiebre loca. El movimiento de la máquina se aceleró hasta ser de ciento cincuenta pulsaciones por minuto. Pasó otra semana, y otra, y otra. Pasaron dos meses, y mi reloj dejó atrás a los mejores relojes de la ciudad. Dejó atrás las fechas del almanaque, y tenía un adelanto de trece días. Siguió transcurriendo el tiempo, pero el de mi reloj transcurría siempre más rápidamente, y era de una celeridad vertiginosa. Aun no daba octubre el último adiós de la partida, y ya mi reloj estaba a mediados de noviembre, gozando de los encantos de las primeras nevadas. Pagué anticipadamente la renta de la casa; pagué los vencimientos que no habían llegado a su fecha; hice mil desembolsos por el estilo, y la situación presentaba caracteres alarmantes. Fué necesario acudir a un relojero.

Este hombre me preguntó si ya se había hecho alguna compostura a mi reloj. Dije que no, y era la verdad, pues jamás había necesitado la intervención del arte. El relojero me dirigió una mirada de júbilo perverso, y abrió la tapa de la máquina. Acto continuo se colocó delante de un ojo no sé qué instrumento diabólico de madera negra, y examinó el interior del excelente rodaje.

—Es absolutamente necesario limpiar y aceitar esta máquina—dijo el perito—. Después la arreglaremos. Vuelva usted dentro de ocho días.

Mi reloj fué limpiado y aceitado: fué arreglado. Eso tuvo por consecuencia que comenzara a caminar lentamente, como una campana que suena a intervalos largos y regulares. No acudí a las citas, perdí los trenes, me retardé en mis pagos. El reloj me decía que faltaban tres días para un vencimiento, y la libranza era protestada. Llegué gradualmente a vivir en la víspera, en la antevíspera, en la semana y aun en la quincena anterior a la fecha. Era yo un abandonado, un solitario, en medio de una sociedad que vivía normalmente, y que desaparecía poco a poco de mi vista, hasta dejarme instalado en una región distante del tiempo. Empezaba a nacer en mí una simpatía inexplicable para la momia del Museo, y frecuentemente me encontraba cerca de ella comentando los últimos acontecimientos. Volví a poner mi esperanza en un relojero.

Este hombre desarmó la máquina; puso los fragmentos a mi vista; los cogió con las pinzas, y acabó por decirme que el cilindro estaba *hinchado*. Pidió un plazo de tres días para reducir aquel órgano importante a sus dimensiones normales. Reparado mi reloj, comenzó a marcar la hora media, pero se negó obstinadamente a una indicación más precisa. Yo aplicaba el oído, y creía sentir en el interior de la

máquina algo como ronquidos y ladridos, resoplidos
y estornudos. Mis pensamientos dejaron de seguir
por su carril natural. ¿Qué reloj era aquél que así me
trastornaba? A las doce del día pasaba la crisis. Por
la mañana había dejado atrás a todos los relojes del
barrio; por la tarde se echaba a dormir o divagaba
en sus ensueños quiméricos, y todos los relojes lo dejaban atrás. Transcurridas las veinticuatro horas de
la revolución del planeta, un juez imparcial hubiera
dicho que mi reloj se mantenía dentro de los justos
límites de la verdad. Pero el tiempo medio en un
reloj es como la virtud a medias en una persona. Yo
era compañero de mi reloj, y no podía sufrir aquella
alteración cotidiana. Me decidí a visitar otra relo-
jería.

El técnico dictaminó que estaba roto el espigón del
escape de áncora. ¿Eso era todo? Yo exterioricé la
infinita alegría que rebosaba de mi alma. Debo reco-
nocer en esta nota confidencial que yo no sabía lo
que era el espigón del escape de áncora; pero me
abstuve de dar a conocer mi ignorancia en presencia de un extraño. Se hizo la compostura. Mi desdichado reloj perdió por un lado lo que ganó por otro.
En efecto, partía a galope tendido, y se detenía sú-
bitanmente; volvía a emprender la carrera, y se pa-
raba otra vez, sin preocuparse por esa regularidad
de movimientos que constituye el mérito de un
reloj concienzudo. Siempre que daba uno de aquellos saltos, yo sentía en el bolsillo un golpe tan
fuerte como el de la culata de un fusil cuando lo

disparamos. En vano puse un forro de algodón en el chaleco. Era necesario tomar providencias radicales contra aquel movimiento explosivo. Acudí a otro relojero.

Este último se colocó la lente, desmontó el reloj y tomó las piezas con las pinzas, como lo habían hecho sus colegas. Después del examen de rigor:

—Vamos a tener dificultades con el regulador—me dijo.

Colocó el regulador en su sitio, y procedió a una limpia de toda la máquina. El reloj caminaba perfectamente bien. Sólo había un ligero detalle que alteraba su economía. Cada diez minutos, invariablemente, las agujas se adherían como las hojas de las tijeras, y mostraban la más resuelta intención de caminar unidas. ¿Qué filósofo, por grande que fuera el poder de su pensamiento, podía haber sabido la hora teniendo un reloj de esa especie? Fué indispensable subsanar los inconvenientes de un estado tan desastroso.

—El cristal—me dijo la persona caracterizada por sus méritos a quien hube de acudir en busca de consejo;—el cristal, y sólo el cristal, es causa de la que usted cree propensión de las agujas. Estas no tienen paso franco y se traban. Además, hay que reparar algunas ruedas; casi todas.

El relojero procedió con extraordinario tino, y desde aquel momento la máquina empezó a moverse con toda regularidad. ¡Bendito sea ese relojero! Pero notad un hecho singularísimo. Después de cinco o seis horas de llevar el reloj en el bolsillo de mi chaleco, noto de pronto que las agujas giran vertiginosamente, al grado de que no podía ya identificarlas con toda precisión. Sólo se veía en el disco algo como una sutil telaraña en movimiento... Seis o siete minutos bastaban para que mi reloj hiciese el trabajo que un reloj ordinario hace en veinticuatro horas.

Tenía el corazón despedazado. Acudí a otro artista. Mientras el relojero examinaba el reloj, yo examinaba al relojero. Mi atención no era inferior a la suya. Cuando él terminó su examen, yo me dispuse a practicar un severo interrogatorio, pues no se trataba de un asunto baladí. El reloj me costó doscientos dólares cuando lo saqué del establecimiento donde me lo vendieron, y llevaba ya gastados tres mil dólares en reparaciones. Sin embargo, un hecho modificó mis propósitos. Yo acababa de identificar en aquel relojero a un antiguo conocido mío—a uno de los miserables con quienes había tenido que ver en el camino de mi calvario—. Sí; ese hombre tenía más aptitudes para clavar los remaches de una locomotora de tercera mano que para componer un reloj. El bandido procedió a su examen, como he dicho, y pronunció el veredicto con la imperturbabilidad propia del gremio:

—Esta es una máquina de la que podría decirse que hace mucho vapor. Hay que dejar abierta la válvula de seguridad.

—¿La válvula de seguridad? Eres un caldedero.

No pude contenerme, y le di en la cabeza un golpe formidable. El malhechor murió, y yo tuve que pagar los gastos del entierro.

Con razón mi tío Guillermo—Dios lo tenga en su reino—, decía que un caballo es bueno hasta que le sale la primera maña, y que un reloj deja de servir cuando los relojeros hacen la primera compostura.

Tú preguntabas, querido tío, qué oficio adoptan los zapateros, herreros, armeros, mecánicos y plomeros que fracasan en su primera elección. ¿Qué oficio adoptan, querido tío? Díganlo mis tres mil dólares gastados en hacer inservible un excelente reloj.

VI

LA DIFTERIA Y EL MATRIMONIO
MC. WILLIAMS

Los hechos que siguen fueron relatados al autor de este libro por el Sr. McWilliams, caballero muy fino de Nueva York, a quien el autor conoció casualmente durante un viaje.

—Ahora—me dijo—volvamos al punto inicial de mi digresión, que tuvo por objeto explicar el terror de las madres al ver la ciudad asolada por aquella espantosa e incurable enfermedad llamada crup membranoso. Yo le dije a mi esposa que era necesario tener muchas precauciones en lo relativo a la salud de la pequeña Penépole. Hablé así:

—Encanto mío, ¿no sería mejor impedir que la niña chupe ese trozo de pino? En tu lugar, yo lo prohibiría.

—Pero, amor mío, ¿qué mal hay en ello?—contestó mi esposa.

Verdad es que en el momento de hablar así, ya ella retiraba el malhadado trozo de pino para que no lo chupara Penélope. Sin embargo, las mujeres no pueden aceptar la indicación más racional sin decir algo en contra. Me refiero a las mujeres casadas.

Yo repliqué:

—Vida mía, es notorio que el pino figura entre la madera menos alimenticia que puede comer una criatura.

El movimiento de mi esposa se detuvo, y en vez de tomar el pedazo de madera que tenía la niña, volvió la mano al regazo. Hizo un esfuerzo visible para contenerse, y habló así:

—Humberto, lo sabes mejor que yo. Y sabes que lo sabes. *Todos* los médicos dicen que la trementina contenida en la madera de pino es buena para la espina dorsal y para los riñones.

—¡Toma! Pues yo estaba en un error. Ignoraba que la niña estuviera enferma de los riñones y de la espina, y que el médico hubiera recomendado...

—¿Pero quién dice que la niña está enferma de la espina y de los riñones?

—Amor mío, tus palabras lo indican.

—¡Vaya una ocurrencia! Yo no he dicho nada que pueda conducir a esa suposición.

—Pero, bien mío, hace dos minutos dijiste...

—¡Y dale con que lo dije! Dejemos lo que dije o no dije. Ningún mal hay en que la niña chupe madera de pino, si quiere hacerlo; y tú lo sabes bien, perfectamente bien. La chupará; sí, la chupará. ¡Vamos!

—Es bastante, Carolina. Me hago cargo de la fuerza de tu razonamiento. Hoy mismo pediré dos o tres cuerdas de la mejor madera de pino. No quiero que mi hija tenga un deseo y no pueda...

—¿Quisieras ser tan *bondadoso* que salieras en este mismo instante para tu oficina, a fin de que yo pueda tener un momento de tranquilidad? Nadie es dueño de hacer en esta casa la menor observación sin que te pongas a discutir, y a discutir, y a discutir, hasta que llega un momento en que no sabes lo que dices, como no lo sabes *jamás*.

—Muy bien. Será como lo dices. Pero en esa última observación hay tal falta de lógica, que...

Antes de que yo acabara mi frase, ella salió como una furia, acompañada de la niña. Por la noche, a la hora de la cena, mi esposa tenía la cara blanca como la cera.

—¡Otro más! Jorgito Gordon ha sido atacado.

—¿Crup membranoso?

—¡Crup membranoso!

—¿Y hay esperanzas?

—Ningunas. ¡Qué va a ser de nosotros!

A poco llegó la niñera con Penépole para que ésta nos diera las buenas noches, y para que dijera las acostumbradas oraciones en el regazo de la madre. A la mitad de una frase tosió ligeramente. Mi esposa se echó hacia atrás como fulminada por el rayo, pero no tardó un segundo en incorporarse, y entró en esa actividad que inspira el terror.

Mandó que la camita enverjada de la niña fuese llevada a nuestra alcoba, y ella misma inspeccionó la ejecución de sus órdenes. Naturalmente, quiso que yo la acompañara. Todo se arregló rápidamente. A la niñera se le puso un catre en el gabinete de mi esposa. Pero no bien habíamos acabado nuestros arreglos, pensó que estábamos muy lejos del otro niño. ¡Y qué sería de nosotros si le atacaban los síntomas a media noche! Volvió a ponerse pálida como una hoja de papel. ¡Infeliz!

Llevamos nuevamente la camita de la niña y el catre de la niñera al departamento de los pequeños, y se nos preparó una cama para nosotros en la habitación contigua.

De pronto mi esposa dijo:

—¿Y si el pequeño se contagia de Penélope?

Este pensamiento llevó el pánico a su corazón, y la tribu de los que trabajábamos en la mudanza no acertaba a proceder con una celeridad suficiente en el nuevo traslado de la camita para calmar la angustia de mi consorte. Es verdad que ella nos ayudó personalmente, y que la camita quedó hecha pedazos por los tirones y estrujones que le dió en su afán de obtener un resultado rápido.

Nos mudamos al piso bajo, pero allí no había lugar para la niñera, y mi esposa creyó que no podíamos prescindir de la cooperación experta que aquélla podía prestarnos. Fué necesario volver a nuestra alcoba, con camas y todo lo que se había bajado. Cuando entramos, sentíamos el alivio del pájaro que descansa en su nido después de haber sido arrastrado durante la noche por la tormenta.

Mi esposa se dirigió a la alcoba de los niños para ver cómo iban las cosas. Volvió al instante con una nueva zozobra.

—¿Cuál será *la causa* de que duerma así el niño?

Yo contesté:

—Pero, Carolina, ya sabes que el niño duerme como si fuera un muñequito.

—Lo sé. Lo sé. Pero ese sueño tiene algo muy especial. Me parece que... me parece que... respira con tanta regularidad. ¡Eso es horrible!

—Pero, hija, siempre respira con regularidad.

—Lo sé también. Pero es cosa que infunde miedo. Esta niñera carece de experiencia. Es muy joven. María deberá acompañarla y estar a la mano por si algo se ofrece.

—Es buena idea. Pero si se va la doncella, ¿quién te ayudará a ti?

—Tú. Tú podrás ayudarme en caso necesario. Yo no permitiré que alguien sino yo tome a su cargo el cuidado de Penépole.

Me parecía una vileza acostarme dejando que ella trabajase toda la noche en el cuidado de la niña enferma. Pero ella me persuadió, y María partió para instalarse como en años pasados cuando la teníamos al cuidado de los niños.

Penélope tosió dos veces durante el primer sueño.

—¿Por qué no vendrá ese médico? Oye, me pa-

rece que la alcoba está muy caliente. Sí; está muy
caliente. Baja. Corre la placa de la estufa. ¡Pronto!

Torcí la llave, y a la vez examinaba el termóme-
tro, pues no me parecía que aquella temperatura
fuese excesiva para una criatura enferma.

El cochero llegó con la noticia de que el médico
estaba en cama y que no podía salir a causa de un
resfriado. Mi esposa me vió con ojos de moribunda,
y dijo con voz desmayada, que parecía un gemido:

—¡La Providencia! Estaba escrito. Ese hombre
jamás se ha enfermado. ¡Jamás! Nuestra vida no
ha sido ejemplar, Humberto. No lo ha sido. Dios
nos castiga. Yo te lo he dicho muchas veces. Y
ahora, mira el resultado. Esta niña no sanará. Da
gracias a Dios si puedes perdonarte tu culpa; pero
yo no me la perdono *a mí misma*.

Sin el menor propósito de ofenderla, pero con
palabras elegidas al azar, dije que no encontraba
un exceso de relajación en nuestra conducta.

—¿Te propones atraer la cólera del cielo sobre
el niño también?

Rompió a llorar, pero secó sus lágrimas para
decir:

—¡El doctor debió haber enviado medicinas!

Yo dije:

—Sí. Aquí están. Esperaba una ocasión para dár-
telas.

—¡Una ocasión! ¿Pero ignoras, infeliz, que los
momentos son preciosos? Y ese hombre, ¿para qué

prescribe medicinas, cuando sabe que la enfermedad es incurable?

Yo manifesté que mientras haya vida no se debe
renunciar a la esperanza.

—¡Esperanza! Tus palabras tienen tanto sentido
como las del niño que no ha salido aún del vientre
de su madre. Si quisieras... Mira, aquí se prescribe
una cucharada cada hora. ¡Una cada hora! Parece
que hay un año disponible para medicinar a esta
criatura. ¡Pronto, hombre, pronto! Dale a esta infeliz agonizante una cucharada de las de sopa, y
espabílate.

—Pero, querida mía, una cucharada podría tal
vez...

—¡Por Dios, te ruego que no me saques de qui-
cio!... Sí, sí, mi tesoro; sí, está muy feo, pero es
muy bueno para Nelita; muy bueno para el encanto
de su mamá. Con esto sanará Nelita. Así, así, pon
la cabecita en el pecho de tu mamá, y a dormir, a
dormir pronto. Bien sé que no amanecerá. Una cucharada cada media hora podría... Y esta niña necesita belladona. Sí, lo sé. Necesita belladona. Y
acónito. Hay que pedir esto. Mira, déjame a mí.
Tú no sabes nada de enfermedades.

Nos metimos en la cama, poniendo a la niña cerca de la almohada de la mamá. El torbellino me
tenía agotado, y a los cinco minutos había caído
en el más profundo sueño. Mi esposa me despertó.

—Dime, Humberto, ¿está abierto el calorífero?

—No.

—Ya lo suponía. Abrelo. Este cuarto es una ne-
vera.

Me levanté, dí vuelta a la llave, me acosté y volví a quedar dormido. Se me despertó una vez más.

—Amor mío, ¿querrías pasar la camita de la niña
a tu lado? Allí estará más cerca del calorífero.

Pasé la camita. Pero al hacerlo, tropecé con el
tapete, y la niña despertó. Mientras mi esposa arru-
llaba a la niña, yo volví a quedar sumido en un
profundo sueño. Apenas había cerrado los ojos, oí
unas palabras que parecían llegar de un mundo lejano.

—Oye, Humberto, yo creo que sería bueno tener
aquí un poco de unto de ganso. ¿Querrías llamar?

Me levanté con los ojos cerrados, y sin saber
bien lo que hacía. En el camino tropecé con el gato,
y él respondió con una protesta, a la que yo quise
replicar con un puntapié; pero éste fué recibido por
una silla.

—¿A qué fin viene que abras el gas? Va a despertar a la niña.

—Quiero luz, Carolina, para ver lo que tengo en
este pie.

—Muy bien. Y de paso verás cómo ha quedado la
silla. Yo creo que la silla estará peor que tú. ¡Pobre gato! Supón que...

—No; yo no supongo nada respecto del gato.
Lo que supongo es que si María estuviera aquí,
ella haría mejor estas cosas que no son de mi especialidad, sino más bien de la suya.

—¿Y no te avergüenza decir eso? Es lástima que no seas capaz de hacer dos o tres operaciones insignificantes, que sólo te pido por las terribles circunstancias en que estamos, y porque nuestra niña...

—¡Vamos! ¡Vamos! Yo hago todo lo que sea necesario. Lo único de que no soy capaz es de tocar la campanilla. Eso no. ¿Voy a despertar a todo el mundo? Dime en dónde está el unto de ganso.

—Está en la repisa de la chimenea de los niños. Ve y llama a María...

Volví a dormirme después de haber llevado el famoso unto de ganso. Pero una vez más se me despertó.

—Hijo, me apena mucho mortificarte. Lo hago contra toda mi voluntad. Para aplicar esto se necesita calor, y no lo hay. ¿Querrías encender el calorífero? No se necesita sino frotar una cerilla.

Me levanté, encendí el fuego y me senté, poseído del más amargo desconsuelo.

—¿Pero no comprendes que vas a resfriarte allí? Recógete.

Me dirigí hacia el lecho. En el camino una voz me detuvo:

—¿Vas a acostarte sin dar la poción a la niña?

Se la dí. La niña despertó. Mi esposa aprovechó la ocasión para aplicar a la niña una frotación con el unto de ganso. El sueño volvió a pesar sobre mis párpados. La voz me despertó:

—¿No sientes una corriente de aire? Yo la percibo muy distintamente. Nada hay tan malo para estas enfermedades como una corriente de aire. Pon la camita de la niña frente al fuego.

Lo hice. Por segunda vez hubo una colisión, y el tapete o una colcha cayó sobre el fuego. Mi esposa se alarmó, y saltando de la cama, impidió la catástrofe. Hubo un diálogo relativo a la culpabilidad. Después, un cortísimo intervalo de sueño fué interrumpido, a fin de que el interpelado se levantase y aplicase al pecho de la niña una cataplasma de linaza, que el mismo interpelado fabricó. El apósito quedó en su sitio para que operara los efectos curativos que de él se esperaban.

El fuego de una estufa no está destinado a durar eternamente. Necesita combustible y atención. Cada veinte minutos tenía que levantarme para alimentar la hoguera y avivarla. Esto daba a mi esposa la oportunidad de acortar cada vez más los intervalos de la poción, con grandísima satisfacción para Carolina, pues así podían ganarse diez minutos entre cucharada y cucharada. Entretanto, se me ocupaba en calentar la cataplasma, en aplicar sinapismos y en hacer cuantas flictenas era posible sobre los espacios del cuerpo de la niña, que permitían una maniobra terapéutica externa. A la madrugada encontré que la provisión de combustible se había agotado. Fué necesario bajar a la cueva y traer más, naturalmente por atento ruego de mi cónyuge.

Yo hice este razonamiento antes de emprender la expedición:

—Amor mío, la faena es en extremo penosa y me parece inútil, pues la niña está perfectamente abrigada con mantas adicionales. Podríamos ponerle también dos cataplasmas sobre las que ya tiene, y...

No concluí la frase por habérseme interrumpido. Bajé, llevé leña, encendí el fuego y empecé a roncar como saben hacerlo todos aquellos a quienes agobia la fatiga y que tienen el alma tan cansada como el cuerpo. Me bañaba la luz del día cuando sentí que me movían por un hombro. Lo primero que vi fueron los ojos dilatados de mi esposa y su boca abierta que no acertaba a articular palabra. Cuando le fué dado mover la lengua, dijo:

—¡Se acabó! ¡Se acabó! ¡La niña suda! ¿Qué haremos?

—Gracias por el susto. No sé lo que debemos hacer. Probablemente lo indicado será martirizarla con otras fricciones y ponerla en la corriente del aire.

—¡Idiota! No hay momento que perder! Urge llamar al médico. Ve tú en persona. Y dile que venga, que debe venir, vivo o muerto.

Era imperativo. Saqué de su cama al infeliz, y lo llevé a mi casa. Miró a la niña, y dijo que no estaba moribunda. Esto fué para mí un torrente de alegría. Para mi mujer las palabras del médico eran todo lo contrario, y la enfurecieron como si constituyeran una ofensa personal. La tos de la niña era causada por una simple irritación de la garganta. Yo creí que mi esposa iba a levantar el dedo y a mostrar la puerta para que saliera el autor del ultraje. El médico dijo que iba a provocar una expectoración, a fin de remover el obstáculo. Prescribió una substancia que produjo un acceso de tos, y con ella salió un fragmento de madera.

—Esta niña no tiene crup membranoso—dijo—. De eso respondo. Lo que pasa es que ha chupado algún pedacito de madera y se le fué una astilla. Pero la cosa no tiene importancia.

—Así lo creo—contesté.—Además, como ese objeto tiene trementina, la madera puede servir para ciertas enfermedades propias de la infancia. Mi esposa puede decírselo a usted.

Ella nada dijo. Salió desdeñosamente. El episodio es de los que nadie menciona. Pero la corriente de nuestros días sigue un cauce de invariable serenidad.

VII

FABULAS EDIFICANTES PARA NIÑOS ADULTOS DE AMBOS SEXOS

De cómo organizaron una expedición científica los animales de la selva.

PRIMERA PARTE

Sucedió que en medio de la selva los animales celebraron una Gran Convención. Después de sesudas deliberaciones, se acordó el nombramiento de una comisión integrada por los sabios más ilustres, a fin de que, saliendo de los límites del mundo conocido, dirigiese sus pasos hacia la región inexplorada que se extiende más allá del espacio cubierto por la sombra de los árboles, pues convenía por una parte comprobar ciertas especies enseñadas en las escuelas primarias y en los liceos, y por otra parte se aconsejaba la urgencia de extender la esfera de los conocimientos, mediante la adquisición de nuevas verdades. Hasta entonces no había emprendido la nación una obra tan gigantesca como aquélla. Es verdad que el Gobierno envió en cierta ocasión al eminente especialista Renacuajín para que al frente de un grupo selecto explorase el ángulo que hay hacia la mano derecha del bosque, con facultades para penetrar por el pantano del noroeste, si era preciso. Posteriormente los Poderes públicos acordaron la organización de otras expediciones, que tenían por principal objeto averiguar el paradero del Dr. Renacuajín y de sus acompañantes, y no habiéndose conseguido esto, el Gobierno renunció a toda futura pesquisa en tal sentido. Como un tributo de justicia, se concedió un título nobiliario a la madre de Renacuajín, con lo que fueron premiados los servicios eminentes que el célebre explorador había prestado a la ciencia.

Otra de las expediciones que ilustraban los anales de la patria, fu la que envió el Gobierno para que descubriese las fuentes del arroyuelo que desemboca en el mismo pantano. Esta empresa estuvo a cargo del vizconde Saltamontes. Entre las muchas expediciones que salieron para buscar al vizconde, una, al menos, fué coronada por el éxito más halagador, pues encontró el cuerpo de Saltamontes, aunque no pudo averiguar si éste a su vez había descubierto las fuentes del riachuelo.

El Gobierno decretaba siempre los honores más altos a los que morían por servir a la Ciencia, y muchos envidiaban los funerales del Vizconde Saltamontes.

Las expediciones a que se ha hecho referencia

eran de bien poca importancia, comparadas con la que acababa de votar la Gran Convención de los Animales del Bosque. Figuraban en ella los sabios más ilustres, y además, como ya hemos tenido ocasión de expresarlo, llevaba por objeto ir a regiones lejanas, totalmente desconocidas y situadas más allá de los límites de la imponente selva. Toda la sociedad estaba poseída de frenesí por aquel acontecimiento. Los miembros de la expedición eran obsequiados con banquetes, en los que se brindaba elocuentemente para celebrar su gloria. Cuando pasaba alguno de los expedicionarios, la muchedumbre se agolpaba en torno suyo para verle y admirarle.

Salió al cabo la expedición, y era de maravillar aquella larguísima procesión de tortugas cargadas de sabios, que llevaban consigo voluminosas dotaciones de instrumentos científicos. En las mismas tortugas iban los brillantes gusanos y las luciérnagas que formaban el cuerpo de señales. Había una sección de hormigas y escarabajos para forrajear y para construir las obras de zapa, y otra de arañas que llevaban las cadenas y teodolitos. Todos estos animales, así como los sabios, iban bien acomodados en las conchas de las tortugas. Muchas de éstas habían sido destinadas al cargamento de las provisiones. A las tortugas de tierra seguían las de agua, destinadas al servicio de transportes marítimos y fluviales, y que tenían todas las ventajas de los acorazados. Cada una de las tortugas,

así las de agua como las de tierra, llevaba izado
un pabellón vistosísimo, formado por gladiolos o
por otras plantas de forma igualmente adecuada.
A la cabeza de la columna marchaba una numerosa
banda militar de abejas, mosquitos, grillos y or-
tósteros. Toda la vasta línea estaba competente-
mente custodiada por doce regimientos muy escogidos de gusanos venenosos.

Después de tres meses de marcha, la expedición
traspasó las lindes del bosque y se asomó al *Mundo de lo Desconocido.* El espectáculo que se presentó a las miradas de los exploradores fué de lo
más impresionante. Veían extenderse una dilatada
llanura que surcaba un arroyo sinuoso, y en el extremo del valle, destacándose sobre el azul del cielo, surgía una barrera, un obstáculo elevadísimo,
cuya naturaleza les era completamente desconocida.
El zapador Estercolín emitió esta hipótesis: el
obstáculo era ni más ni menos que la tierra levantada en el borde, puesto que distinguía árboles en
aquella altura. El profesor Caracolillo dijo lo que
sigue, que fué aceptado por la opinión unánime
de sus colegas:

—Estercolín, usted ha venido para obras de te-
rracería, y nada más. Si en alguna ocasión solici-
tamos la opinión de usted sobre materias científicas, se le hará previamente una indicación para
que la exponga. Pero a menos que esto suceda,
debe usted abstenerse de presentar sus puntos de
vista. Es intolerable la frescura con que usted

procede, y apenas puede creerse que mientras los otros trabajadores manuales proceden al desempeño de sus tareas, usted se desentienda completamente de ellas, y dedicado a la holganza, lleve la audacia hasta mezclarse en las augustas materias del conocimiento. Vaya usted y ayude a descargar los equipajes.

Estercolín dió media vuelta, pero sin que se viera la menor señal de mortificación por su comportamiento. En el camino iba diciendo para sus élitros:

—Si eso no es la tierra levantada en el ribete, que muera yo aplastado y que se me condene a una sentencia ignominiosa.

El profesor Renacuajín, sobrino carnal del célebre explorador ya mencionado, opinó que la cumbre era un muro destinado a formar el recinto de la tierra. Dicho esto, continuó:

—Es muy vasta la ciencia que hemos heredado de nuestros padres; pero como ellos no llevaron muy lejos sus exploraciones, podemos asegurar que estamos en presencia de un nuevo descubrimiento, lleno de majestad. Aun en el caso de que nuestros trabajos acaben aquí, será imperecedero el renombre que nos discierna la posteridad. ¿De qué puede ser esa gran muralla? ¿De setas, por ventura? Las setas constituyen uno de los materiales de construcción reconocidos como convenientes para la edificación de grandes murallas.

El profesor Caracolillo enfocó los anteojos de

campo, y examinó minuciosamente la muralla. Después de mirarla con atención, dijo a sus colegas:

—No es diáfana esa muralla. El hecho así comprobado me convence de que es un vapor producido por la calorificación ascendente de la humedad, previa una deflogisticación refractiva. Mi afirmación sería confirmada por la experimentación endiométrica; pero no estimo necesario llegar a la prueba experimental. El hecho es obvio.

Guardó los anteojos en su bolsa, y enconchándose, empezó a redactar una Memoria sobre el descubrimiento de los confines del Mundo y sobre la naturaleza que reviste.

—¡Es un espíritu profundo!—dijo el profesor Gusanillo hablando en voz baja con el profesor Turón—. ¡Es un espíritu profundo! No hay misterios para ese cerebro privilegiado.

La noche llegaba entretanto. Se estableció la guardia de Grillos; los Gusanos de Luz y los Cocuyos encendieron sus lámparas. Todo era silencio, sueño y reposo en el campamento. Por la mañana, después de almorzar, la expedición continuó la marcha. A eso de las doce del día, los exploradores llegaron a una gran avenida, con dos barras paralelas y longitudinales, que se extendían indefinidamente por una y otra parte, y que estaban formadas de cierta substancia negra. Su altura era mayor que la de una rana corpulenta. Los sabios subieron a las barras, las probaron y las examinaron de mil maneras. Anduvieron por ellas una larga distancia,

y no les encontraron fin ni quebradura. Era imposible llegar a una conclusión. Los anales de la ciencia no mencionaban un hecho semejante. El calvo
y venerable Tortugón, que era una autoridad en
materias geográficas, y que, a pesar de su origen
humilde y del fango en que se había criado, pudo
elevarse por la obra exclusiva del esfuerzo personal y del mérito, hasta ser el más respetable de los
que cultivaban la misma ciencia, dijo lo que sigue:

—Amigos míos, es indudable que hemos realizado un gran descubrimiento. Durante siglos y siglos
se creyó que era parto de la imaginación esto que
aquí vemos en su forma palpable, compacta e imperecedera. Creo que deberéis inclinaros con reverencia, pues nos encontramos frente a una materia-
lización majestuosa de la verdad científica. ¡Estas
dos barras que aquí veis son dos paralelos de latitud!

Las cabezas se inclinaron y los corazones palpi-
taron cuando el concurso de aquellos sabios eminentes se persuadió de la magnitud del descubrimiento. Muchos de los expedicionarios derramaban
lágrimas. Se mandó acampar en aquel sitio, y el
resto del día fué empleado en la redacción de me-
morias voluminosas sobre la gran maravilla, mientras algunos de los sabios corregían las tablas as-
tronómicas, a fin de que sus datos estuvieran de
acuerdo con los dos paralelos descubiertos. Los astrónomos siguieron trabajando durante la noche,
y a las doce de ella notaron un alarido de cien mil

demonios, y después un ruido de golpes y arrastre. En ese mismo instante, apareció un ojo enorme, aterrorizador, seguido de una cola gigantesca, que pasó velozmente, y desapareció entre las tinieblas, lanzando al aire sus alaridos triunfales.

Todos los individuos del campamento, es decir, los soldados y trabajadores, sintieron sus corazones embargados por el espanto, y corrieron a refugiarse entre la tupida hierba. Pero los sabios, que no tenían supersticiones, permanecieron tranquilamente en sus puestos, y empezó entre ellos el cambio de teorías. Se pidió primeramente su opinión al anciano y venerable geógrafo. Sin decir palabra, éste se enconchó para proceder a una larga y profunda meditación. Salió al cabo, y no bien apareció su rostro, todos comprendieron que llevaba la luz de la Verdad. El eminente Dr. Caracolillo habló así:

—Agradeced la buena suerte que tenéis de haber presenciado este acontecimiento estupendo. ¡Ha pasado a nuestra vista el Equinoccio de Invierno!

La noticia fué celebrada con aplausos y vivas.

Gusanillo se desdobló, después de haber meditado durante un largo espacio. No estaba convencido, y emitió audazmente esta objeción:

—Llevamos mes y medio de verano...

—Es verdad—dijo Tortugón—; es verdad lo que acaba de expresar el profesor Gusanillo; pero estamos lejos de nuestra región, y es sabido que las estaciones varían con la diferencia de tiempo entre dos puntos.

—Indudable, indudable. Pero es de noche, y siendo de noche, ¿cómo puede pasar el sol?

—Incuestionablemente, el sol pasa siempre a esta hora en las regiones que atravesamos, aun cuando sea de noche.

—Acepto el hecho, y lo tengo por indiscutible. Pero me ocurre una duda: ¿cómo pudimos nosotros ver el sol durante la noche?

—He ahí el misterio, y lo reconozco. Pero estoy íntimamente persuadido de que la humedad de la atmósfera deja en estas remotas regiones que se adhieran al disco las partículas de la luz del día, y estas partículas nos permitieron ver el sol entre las sombras de la noche.

La explicación pareció enteramente satisfactoria, y se hizo constar en el acta la decisión de los doctos.

Apenas se había escrito el último renglón, cuando volvieron a oírse los temibles alaridos; otra vez sonó el ruido de golpes y de arrastre; el ojo flamígero apareció nuevamente entre las sombras por un lado de los paralelos de latitud, y desapareció por el lado opuesto.

La gente indocta de la expedición creyó que había llegado su fin. Los sabios quedaron perplejos. El hecho resistía a toda tentativa de explicación. Pensaron y hablaron; hablaron y pensaron. Por último, después de una larga deliberación, el sabio y maduro duque de las Antenas, que había permanecido silencioso, con piernas y brazos cruzados, habló en estos términos:

—Creo que deberéis emitir cuantas opiniones creáis pertinentes para ilustrar la materia. Yo hablaré después, con la seguridad de que he resuelto el problema.

—Puesto que es así, dígnese Su Gracia darnos esa opinión, que siendo suya encerrará la quintaesencia de la sabiduría—dijo el Dr. Cucaracha, personaje de rostro seco y arrugado.

Para convencer al duque, el Dr. Cucaracha echo mano de las más nimias y exasperantes trivialidades, que formulaba autorizándolas como citas de los antiguos poetas y filósofos. Todo lo iba diciendo con unción, en la lengua original de cada uno de sus autores favoritos, lenguas muertas todas ellas, como la mastodontea, la didonia y otras parecidas.

—Yo tal vez no debiera—decía el académico Cucaracha—, yo tal vez no debiera tratar puntos que son de la exclusiva competencia de los astrónomos, y menos aún en presencia de sabios tan eminentes como los que me escuchan. Yo soy y siempre he sido un hombre consagrado al estudio de los tesoros ocultos en los repliegues de las lenguas muertas, para que todos puedan disfrutar de la opulenta mies que nos es dado espigar en los campos de la antigüedad; pero no cultivo la noble ciencia de la Astronomía, y hablo, por lo tanto, con hu-

mildad y respeto, para pedir que se tenga en cuenta
una circunstancia, y es que la última de las maravillosas apariciones de que hemos sido testigos, traía
dirección contraria a la del fenómeno que, por unánime decisión de la Ciencia, era el Equinoccio de In-
verno. Como, por otra parte, es absolutamente igual
un fenómeno al otro, ¿habría inconveniente en de-
signar al segundo con el nombre de Equinoccio de
Otoño y...?

—¡Fuera!

—¡Que lo lleven a la cama!

—¡Oh! ¡Oh!

En presencia de esta oleada de indignación y de
burla, el desdichado Cucaracha se alejó consumido
por la vergüenza.

La discusión entretanto seguía empeñosamente, y
todos acordaron que se pidiese su opinión al duque de las Antenas. Este dijo al fin:

—Declaro, ilustres colegas, que según mi más
firme convicción, el fenómeno que acabamos de presenciar sólo ha ocurido una vez antes de ahora en
toda su perfección, a lo menos dentro de los límites
del conocimiento de los seres creados. Es un fenómeno de importancia, y del más alto interés; pero
para nosotros esa importancia y ese interés son
mayores aún por cuanto poseemos un conocimiento del hecho que ningún sabio había alcanzado antes de nosotros. Esta gran maravilla que acabamos de presenciar, ilustres colegas—y sólo men-

cionarla me quita el aliento—, es nada menos que
el paso de Venus.

Todos los sabios se pusieron en pie, pálidos de
emoción. A la sorpresa siguieron las lágrimas, los
apretones de manos, los abrazos y hasta expresiones de júbilo que tocaban en los límites de la locura. Pero a medida que la emoción comenzó a entrar
dentro de su cauce natural, y que la reflexión volvió
a retratarse en las frentes pensadoras, el competen-
tísimo Inspector General, el ilustre Académico Lagartijo, externó esta observación:

—¿Pero cómo se entiende? Venus debería pasar
por el disco del Sol y no por el de la Tierra.

La saeta llegó al blanco. Todos los apóstoles del
Saber se sintieron poseídos por una profunda pena,
pues no se les ocultaba que la objeción era formidable. El venerable Duque cruzó con toda calma
sus largas antenas, colocándoselas cuidadosamente
detrás de las orejas, y habló en estos términos:

—Las palabras de nuestro amigo han penetrado
hasta la medula misma de la cuestión. El acaba de
poner sobre el tapete nuestro gran descubrimiento.
Sí; es verdad; todos nuestros predecesores creyeron que el paso de Venus consistía en un vuelo del
astro ante la faz del Sol; creyeron esto, es verdad;
lo afirmaron, y no puede negarse la recta firmeza
de sus convicciones, hijas de la sencillez de corazón,
y justificadas por la limitación de sus conocimientos; pero a vosotros y a mí nos ha sido dada la inestimable fortuna de establecer el paso de Venus

por el disco de la Tierra, puesto que lo hemos visto. ¡Lo hemos visto!

La Sabiduría allí reunida tomó asiento para entregarse a la adoración silenciosa de aquel intelecto sin par. Todas las dudas se disiparon instantáneamente, como las sombras de la noche al fulgor de un relámpago.

Estercolín acababa de entrar sin que nadie lo notase. Avanzó con movimientos precipitados, y se permitió dar palmadas en el hombro a muchos de los sabios, diciéndoles palabras de una llaneza desusada. Su sonrisa era de satisfacción muy intensa. Cuando estuvo en el sitio más adecuado para dirigirse a toda la asamblea, dobló el brazo izquierdo, apoyó los nudillos sobre el cuadril, por debajo del faldón de su negro casacón, prenda muy ridícula para un trabajador, torció la pierna derecha plantando la punta del pie en el suelo, y poniendo graciosamente el talón sobre la apófisis de la tibia izquierda, echó hacia adelante su voluminoso vientre de concejal, abrió los labios, plantó el codo del brazo derecho sobre el hombro del Inspector Lagartijo, y...

Pero el Inspector Lagartijo desvió indignado el hombro en que se apoyaba el codo de Estercolín, y el encallecido hijo del trabajo cayó por el suelo y dió dos o tres volteretas; pero pudo ponerse en pie, sonriente y satisfecho, volvió a arreglar su actitud con la misma minuciosidad, y sin otra diferencia que la de haber buscado como punto de apoyo e.

hombro del profesor Garrapatín, abrió los labios, y...

Una vez más rodó por tierra. Se levantó sonriendo, se sacudió el polvo de la ropa y de las piernas; pero no habiendo acertado en uno de los movimientos del brazo con que se sacudía, el impulso le hizo dar cinco vueltas, las piernas se le juntaron, y sin remos para equilibrarse, cayó como un proyectil sobre el vientre del duque de las Antenas. Dos o tres sabios se precipitaron para dar auxilio al prócer, y, apoderándose del menestral, lo echaron de cabeza en un rincón. Llenos de atenciones, colocaron al patricio en su asiento, pronunciando palabras que indicaban la indignación con que se había visto aquel ultraje a la dignidad del duque. El profesor Renacuajín habló así:

—¡Basta ya de inconveniencias, Don Tarambana! Diga usted lo que tenga que decir, y váyase inmediatamente después a sus ocupaciones. ¡Pronto! ¿Qué quiere usted? Adelante. No; retírese usted. Huele a establo. ¿Qué ha estado usted haciendo?

—Si Su Señoría me lo permite, diré lo que he descubierto. Pero dejemos eso. Hay otro descubrimiento que..., con perdón de Sus Señorías... ¿Qué cosa es eso que pasó por aquí como un relámpago la primera vez?

—El Equinoccio de Invierno.

—Equinoccio de Infierno. Está bien. Maldito sea. ¿Y el otro?

—El Paso de Venus.

—¡Por vida mía! No importa. Bien está; ese *Paso* dejó caer algo.

—¿De veras? ¡Magnífico! ¡Esa noticia es de interés trascendental! ¡Diga usted pronto qué es!

—Vengan a ver Sus Señorías, porque vale la pena.

Durante veinticuatro horas no hubo otras votaciones en la Asamblea, y sólo se consignó en el acta lo que sigue:

"La Comisión fué en grupo compacto a ver el hallazgo comunicado por el Escarabajo. Consistía en un objeto duro, pulido, enorme, con un extremo redondeado y una corta proyección hacia arriba, que tiene la misma apariencia de una sección de tallo de col, dividida transversalmente. Esta proyección no es maciza, sino un cilindro hueco, obturada con una substancia suave, parecida a la madera y desconocida en nuestra región. La obturación, desgraciadamente, fué removida por inadvertencia de Ratonín, Jefe de Zapadores y Mineros, mucho antes de que llegara la Comisión Científica. El gran objeto que teníamos delante, misteriosamente caído de los brillantes dominios del espacio, era todo hueco y estaba lleno de un líquido picante, de coloración obscura, parecido al agua de lluvia estancada. ¡Qué espectáculo se presentó a la vista de la Comisión! Ratonín estaba en el vértice, introduciendo la cola en la proyección cilíndrica. La sacó en presencia nuestra, y la masa trabajadora pudo

adueñarse de la substancia que se desprendía de la
cola del Jefe de Zapadores. Volvía éste a introducir
el apéndice caudal en el interior del cilindro, y otra
vez los operarios recibieron el flúido que extraía la
cola de Ratonín. Evidentemente aquel licor tenía
virtudes de una extraña potencia, pues todos los
que gustaron de él daban muestras de sentir las
más placenteras emociones, en grado de exaltación. Dejaban el trabajo a los dos o tres chupetones,
y se entregaban al solaz de cantos impúdicos. Bai-
laban, se abraazban, luchaban, pronunciaban expresiones inconvenientes, con el más cínico desconoci-
miento de toda autoridad. El vértigo se había apoderado hasta de las Corporaciones armadas, y la
Comisión creyó por algunos momentos que era imposible el restablecimiento de la disciplina en aquellas turbas rebeldes. Los miembros de la Comisión
fueron presa de la enloquecida muchedumbre, y,
arrastrados por ésta, todos los sabios participaron
de la desmoralización reinante. Pasado algún tiempo, a los furores de la orgía, sucedió en el campamento un lamentable estupor, dentro de cuyos límites misteriosos las categorías quedaron olvida-
das y se formaron las más extrañas relaciones de
familiaridad. Cuando por fin los miembros de la
Comisión pudieron reponerse de aquella inexplicable perturbación, todos ellos se quedaron petrifica-
dos y con los ojos dilatados por el espectáculo que
tenían delante. Estercolín, cavador de formas re-
pugnantes y de baja extracción, estaba dormido jun-

to al ilustre duque de las Antenas, unidos los dos en un estrecho abrazo. No digamos en los tiempos históricos, pues ni en las edades fabulosas a que alcanza la tradición, se había visto algo semejante, y nadie creerá tal cosa posible, salvo los que tuvieron a su vista aquella horripilante escena. ¡Es el momento de que la Comisión Científica afirme su reverencia ante los inescrutables designios de Dios, cuya voluntad habrá de cumplirse!

"Hoy, a consecuencia de una orden dada al Jefe de Ingenieros Herr Kreuzspinne, designado generalmente en nuestro país con el seudónimo de Arañón, éste hizo las obras indicadas para desaguar el calamitoso contenido del receptáculo, y descargó un torrente sobre la sedienta tierra, que lo absorbió al instante. El peligro ha sido completamente conjurado. Sólo quedan algunas gotas de la desconocida substancia, que hemos considerado indispensables para nuestros experimentos y a fin de que S. M. el Rey las conserve con las otras maravillas del Museo de Historia Natural. La Comisión ha llegado a determinar la naturaleaz del líquido. Es incuestionablemente el flúido terrible y destructor que el pueblo llama relámpago. Se precipitó de los depósitos existentes en las nubes, juntamente con la masa en que estaba contenido. La fuerza de proyección se encuentra en el planeta volante, y la substancia cayó a nuestros pies cuando el mismo planeta pasó cerca de nosotros. Como resultado de lo anterior, se obtiene un interesante descubrimiento; a saber:

el relámpago admite el estado de reposo, y sólo en contacto con el trueno sale del recipiente en que está cautivo, enciende sus espantosos fuegos y produce la combustión instantánea, acompañada de explosión, que siembra el desastre y la desolación sobre la tierra."

Después de un día destinado a recuperar las fuerzas, la expedición continuó su marcha. Al cabo de algunas jornadas, acampó en un paraje ameno de la llanura, y los sabios se dispersaron por los alrededores para ver si hacían algún descubrimiento. No tardaron en recibir el premio de sus afanes. El profesor Renacuajín advirtió la existencia de un árbol muy singular, y llamó a sus colegas. Estos lo inspeccionaron con el más profundo interés. Era un árbol alto y recto, con la particularidad de que no tenía corteza, ramas ni follaje. El duque de las Antenas determinó la altura por triangulación. El ingeniero Arañón hizo una medida exacta de la circunferencia en la base del tronco, y calculó la circunferencia del extremo superior por medio de una demostración matemática basada en el grado uniforme de inclinación de la sección cónica. El descubrimiento fué colocado entre los más extraordinarios. Puesto que nadie conocía la especie del árbol, el profesor Lombricilla le dió un nombre que por su sonido indicaba el origen científico de la palabra. Esta consistía en el apellido del profesor Renacuajín, traducido a la lengua mastodontea, pues los sabios tenían por costumbre dar inmortalidad a sus nombres y honrarse a sí mismos uniendo aquéllos a los descubrimientos que hacían.

Ahora bien, como el profesor Turón aplicase al árbol su finísimo aparato de audición, advirtió que salía un sonido rico y armonioso. Esta novedad sorprendente fué puesta a prueba, y disfrutaron de ella todos los sabios, con gran satisfacción y sorpresa para cada uno de ellos. Se solicitó el esfuerzo del profesor Lombricilla para que en el nombre del árbol quedase comprendida una sugestión al menos de la cualidad musical que contenía. El lo hizo de buena gana, y agregó otra palabra mastodontea a la que perpetuaba el nombre de Renacuajín. El árbol llamóse, pues, *Anthem Kalophonos*.

El profesor Caracolillo estaba absorbido por una inspección telescópica. Descubrió que había muchos árboles como aquél, y que se extendían en una línea continua, a grandes intervalos unos de otros, tanto al norte como al sur, hasta los límites que dominaba su instrumento óptico. Descubrió asimismo que todos los árboles se hallaban unidos por catorce cables, situados uno sobre otro, y que esos cables, tendidos de árbol a árbol, no tenían fin hasta donde alcanzaba su observación. Esto causó maravilla. El ingeniero Arañón subió a la cima del árbol, y bajó para rendir un informe técnico. Decía que los llamados cables eran simplemente unos hilos, tejidos por algún miembro colosal de su misma especie, pues en la red formada por los catorce hilos pudo ver algunas inmensas substancias que por

su textura revelaban claramente ser pieles de prodigiosos insectos. Sin duda la araña constructora
de los catorce hilos había apresado y devorado a
los animales que dejaron la piel en los hilos. Partió
inmediatamente por uno de éstos para hacer una
inspección más directa y minuciosa; pero no bien
había empezado la caminata cuando sintió que se le
quemaban las suelas de las botas, a la vez que por
todo su cuerpo pasaba un choque paralizante. Tendió inmediatamente un hilo de los que él fabrica
para uso personal, y se dejó caer inmediatamente
hasta tocar la superficie de la tierra, a fin de que sus
colegas huyesen sin pérdida de momento hacia el
lugar en que acampaban, pues bien pudiera ser que
apareciese el monstruo y se interesase por los sabios tanto como éstos se interesaban por él y por
sus obras. Partieron, pues, a todo correr, pero no
sin redactar las notas que debían dar cuenta de la
gigantesca telaraña. El naturalista de la expedición fabricó aquella misma noche un hermoso
modelo de la araña colosal constructora de la red,
lo que hizo sin necesidad de haber visto al monstruo, pues había recogido un fragmento de sus vér-
tebras al pie del árbol, y esto le bastaba para saber
cuál era la estructura anatómica del coloso, así
como su género de vida y sus costumbres. El modelo tenía cola, dientes, catorce piernas y hocico.
En el informe se decía que el ser colosal comía
hierba, animales, piedras e inmundicia con el mismo entusiasmo. Este animal fué desde entonces

considerado como una de las más valiosas adquisiciones de la Ciencia. Los sabios de la Comisión
abrigaban la esperanza de encontrar un cadáver de
la Gran Bestia para empajarla. El profesor Lombricilla creía que él y sus colegas podrían llegar
hasta apoderarse de un ejemplar vivo, siempre que
se pusieran en acecho; pero la única respuesta que
obtuvo fué la de que él lo intentara solo si quería.
La Conefrencia terminó con el acuerdo de que se
designase al monstruo poniéndole el nombre del
naturalista, ya que éste, después de Dios, era quien
lo había creado.

—Y tal vez lo ha mejorado—murmuró Estercolín, que una vez más se había introducido en la
Junta de los Académicos, según sus hábitos de in-
veterada haraganería y su insaciable curiosidad.

SEGUNDA PARTE

*De cómo llevaron a buen término sus labores cientí-
ficas los académicos de la selva.*

Ocho o diez días después, la expedición llegó a
un sitio que era una verdadera colección de curiosi-
dades maravillosas. Cruzado el primero de los ríos
que habían encontrado desde su salida de la selva,
vieron unas grandísimas cavernas que se abrían,
separadas o e grupos, a un lado del río. Las cavernas formaban dos filas regulares, bordeadas de árboles en línea. Cada una de las cavernas tenía la
parte superior dividida en dos declives, a uno y otro
lado. Había muchas filas horizontales de grandes
agujeros cuadrados, obstruídos por una substancia
delgada, brillante y transparente. Esos agujeros se
abrían al frente de cada caverna. Dentro de las
grandes cavernas, había otras menos espaciosas.
Para visitar los compartimientos menores era necesario subir por vías consistentes en terrazas regulares y continuas, una arriba de la otra y dispuestas como un caracol. En cada compartimiento

había grandes objetos informes que han de haber
sido en otro tiempo criaturas vivas, pero cuya piel
obscura está ya encogida y suelta, y produce un
ruido seco al menor movimiento. Había muchas
arañas, y sus redes, tendidas en todas direcciones,
llenas como estaban de arañas difuntas y despelle-
jadas, presentaban un espectáculo halagador, pues
sugerín la idea de la vida y de una sana actividad
en medio del vasto escenario que sólo hablaba de
abandono y desolación. Pedimos informes a las arañas, pero fueron vanas las esperanzas que alimen-
tamos de obtener alguna noticia. Eran arañas de
otra nacionalidad, y su lenguaje, aunque musical,
nos fué del todo ininteligible. Son una raza tímida
y bondadosa, pero muy ignorante, como lo prueba
su culto pagano a dioses desconocidos. La expedición envió un destacamento de misioneros para que
enseñasen la verdadera religión a aquellos infieles,
y antes de ocho días la catequesis obtuvo los frutos más abundantes que podía apetecer, pues se con-
siguió una perfecta desunión entre las familias, y
vimos que aquellos seres, obscurecidos antes por la
ignorancia, habían llegado a no tener apego a ninguno de sus sistemas religiosos. Esto estimuló el
celo de la expedición, y quedó resuelto dejar esta-
blecida permanentemente una colonia de misioneros, a fin de que la obra de la gracia divina no se
interrumpiese.

Pero no nos desviemos del fin de nuestra narración. Después de examinar metódicamente la fa-

chada de las cavernas, y de haber procedido a una escrupulosa meditación y a un cambio de teorías, los respetabilísimos especialistas determinaron la naturaleza de aquellas singulares formaciones. Según la opinión que hubo de prevalecer, pertenecían principalmente al Antiguo Período Rojo de las Piedras de Afilar. La parte anterior de las cavernas estaba constituída por estratificaciones ide una maravillosa regularidad, que se levantaban a considerable altura. Medidas las estratificaciones, se encontró que tienen seis ranadas. Estos hechos en su conjunto son la más incontestable refutación de la geología tradicional. Entre cada una de las capas de las Piedras Rojas de Afilar, hay otra capa menos espesa de cal en descomposición, lo que demuestra que no hubo un sólo período del Afilaldor, sino ciento setenta y cinco por lo menos. Y como consecuencia de este hecho, queda también demostrado que la tierra ha sufrido por lo menos ciento setenta y cinco inundaciones diluvianas, con el correspondiente depósito de estratos calizos. La inevitable deducción de estos hechos nos lleva a una verdad suprema en el orden científico: el mundo no tiene cien mil años, como se creía, sino millones y millones de años. Hay otro hecho igualmente digno de llamar la atención. Cada estratificación de las Piedras de Afilar se encontraba atravesada y dividida en intervalos regulares por estratificaciones verticales de cal en descomposición. Las inyecciones de roca ígnea a través de las fracturas en las formaciones

plutonianas, eran fenómenos de muy común observación; pero por primera vez se ha presentado al
examen de la ciencia una proyección de roca formada por la acción del agua. Este es un descubrimiento tan portentoso como digno de reverencia, y
su valor científico no puede estimarse debidamente.

El examen crítico de algunas de las estratificaciones inferiores demostró la presencia de hormigas fósiles y de escarabajos—los últimos acompa-
ñados de sus características mercancías—, y este
hecho quedó registrado con gran satisfacción en
los libros de actas de la expedición científica, pues
demuestra que aquellos vulgares trabajadores per-
tenecen a los primeros y más bajos órdenes de los
seres creados, aunque a la vez no puede refrenarse
un sentimiento de repulsión si consideramos que la
criatura perfecta y exquisita del orden superior debe
su origen a tan ignominiosa extracción, por obra
de la ley misteriosa del Desarrollo de las Especies.

Estercolín, el interesante escarabajo, que había
escuchado la discusión, expresó su orgullo diciendo
que bien podían los advenedizos de las nuevas edades buscar un consuelo en sus teorías científicas;
pero que a él, por su parte, le parecía mejor ser
miembro de las más antiguas familias y descender
directamente de la vieja aristocracia nacional.

—Pavoneaos con vuestra dignidad reciente, y lle-
nad el mundo del hedor que se desprende de ese
barniz con que os encanta cubriros—dijo Estercolín—; a nosotros nos basta saber que venimos de

una raza acostumbrada desde los primeros tiempos
a rodar sus fragantes bolitas por los corredores de
la Antigüedad, que ha dejado esas obras imperece-
deras que embalsaman la Antigua Piedra de Afilar,
y cuya gloria proclama la serie de los siglos en
las carreteras del Tiempo.

—Ve a tomar el fresco—le dijo desdeñosamente
el jefe de la expedición.

* * *

Pasó el verano y se acercó el invierno. Conti-
nuando sus observaciones, los sabios discutían sobre ciertas inscripciones que había en las cavernas.
Algunos de los doctos decían que no eran tales inscripciones, pero la mayoría sustentaba la opinión
contraria. El filólogo Lombricilla dictaminó que se
trataba de escritos, hechos con caracteres completamente desconocidos para la ciencia, y en una lengua que también ignoraba ésta. Ya había ordenado
a sus dibujantes y grabadores que hiciesen repro-
ducciones facsimilares de las inscripciones descu-
biertas, y con estos elementos de trabajo se puso a
buscar la clave de la lengua desconocida. Seguía el
método adoptado por todos sus predecesores en la
tarea de la lectura e interpretación de textos. Dicho
método consistía en colocar a la vista un gran número de copias de las distintas inscripciones, y exa-
minarlas colectivamente y en forma pormenorizada.
Para comenzar, colocó juntas las siguientes copias:

Hotel Americano.

A la Umbría.

Lanchas baratas de alquiler.

Billares.

Peluquería.

Comidas a todas horas.

Se prohibe fumar.

Culto a las cuatro de la tarde.

El Veraneo, diario.

Oficina telegráfica.

Se prohibe pasar por los prados.

Píldoras para el hígado.

Hoteles y villas para la estación.

Se vende muy barata.

Se vende muy barata.

Se vende muy barata.

El Profesor Lombricilla creyó en un principio que era un lenguaje convencional, y que cada palabra estaba representada por un solo signo; pero un examen más detenido lo llevó al convencimiento de que se trataba de un verdadero lenguaje escrito, y que cada letra de su alfabeto estaba representada por una figura separada. Por último, llegó a la conclusión de que ese lenguaje se escribía en parte con letras y en parte con signos o jeroglíficos. La conclusión dimanaba forzosamente del descubrimiento de varios ejemplares de un carácter muy curioso.

Observó, en efecto, que ciertas inscripciones se repetían más frecuentemente que otras. Así por ejemplo:

Se vende barata.

Billares.

Cerveza de barril.

Calle del Barco.

Naturalmente, la primera hipótesis fué que éstas eran máximas religiosas. Pero el docto filólogo desechó tal idea, y gradualmente logró penetrar en el misterio del extraño alfabeto. A fuerza de empeño, el profesor pudo traducir muchas de las inscripciones con una considerable probabilidad de acierto, aunque no a satisfacción completa de todos los sabios. Sin embargo, hizo progresos constantes y alentadores.

Fué para él capitalísimo el descubrimiento de una caverna con esta inscripción:

MUSEO DE LA PLAYA

ABIERTO A TODAS HORAS; ENTRADA, 50 CÉNTS.

Hermosísima colección de figuras de cera, antiguos fósiles, etc.

El profesor Lombricilla afirmó que la palabra *Museo* era equivalente a *lumgad molo,* o sea *Cementerio.* Todos los sabios se asombraron al entrar. Pero para dar una idea exacta de lo que vieron, será mejor acudir al texto exacto de su informe oficial:

"Puestas en hilera había unas grandes figuras rígidas y erectas, que nos impresionaron al instante, como pertenecientes a la especie de reptil extinguida en otras edades, que se describe en nuestros antiguos tratados y para cuya designación se emplea la palabra *hombre*. Este descubrimiento nos llenó de la más viva satisfacción, pues últimamente había comenzado a privar cierta tendencia por la cual se consideraba como un mito y una superstición la existencia del reptil a que nos referimos, y aun se daba por sentado que fué parto de la fecunda imaginación de nuestros más remotos antepasados. Pero he aquí que encontramos al *hombre*, perfectamente conservado, en estado fósil. Lo encontramos en su cementerio, según consta de la inscripción descifrada por la Filología. Desde luego comenzó a conjeturarse que las cavernas inspeccionadas con anterioridad eran las antiguas moradas del *hombre*, cuando éste vagaba por la tierra, pues en el pecho de cada uno de los fósiles había una inscripción, y todas ellas tenían los mismos caracteres ya anteriormente estudiados al frente de las cavernas. Una de las inscripciones decía: "Capitán Kidd, el Pirata"; otra, "La Reina Victoria"; otra, "Abra. Lincoln"; otra, "Jorge Washington".

"Con febril interés acudimos a nuestros antiguos anales científicos para examinar si la descripción que allí se hace del reptil hombre se conformaba con el aspecto de los fósiles que teníamos a la vista. El profesor Lombricilla leyó los textos originales en alta voz, conservando toda su singular y añeja fraseología. No será inútil repetir aquella descripción, pues no es muy conocida:

"En el tiempo de nuestros padres, el *hombre* andaba sobre la tierra, como es sabido por la común tradición. Era un ser de tamaño excesivamente grande, y se encerraba en una piel muy floja, unas veces de un solo color y otras de muchos colores, con la particularidad de que dicha piel era de quitar y poner. Cuando hacía esto, quedaban al descubierto las antenas posteriores, y en ellas había unas garras cortas, parecidas a las del topo, pero más anchas, y las otras dos antenas tenían dedos muy delgados y largos, más que los de una rana. Poseía también ciertas uñas muy grandes, de las que se servía para rascar la tierra y buscar alimento. Cubríanle la cabeza plumas semejantes a las de la rata, pero más largas. De la cara le salía un pico, muy útil para buscar alimento por medio del olfato. En sus momentos de alegría echaba agua por los ojos, y cuando estaba triste o sufría, manifestaba esta emoción con un infernal cacareo muy ruidoso, que era espantoso oírlo. Tal parecía que estaba a punto de perecer para acabar con sus sinsabores. Cuando se juntaban dos *hombres*, se echaban ruido mutuamente, y oíamos: "Como, como; Diablo, diablo." Eso era a lo menos lo que percibíamos. Los poetas imaginaron que los mencionados ruidos entraban en la categoría de un lenguaje; pero los poetas deforman la realidad con sus creaciones. A veces el *hombre* tomaba una estaca enorme, se la ponía delante de la cara y sacaba de ella fuego y humo, con un estrépito que aterrorizaba a su presa. Cogía a ésta con las garras de los remos delanteros, y se iba a su casa lleno de la más diabólica alegría.

"La anterior descripción, hecha por nuestros antepasados, es del todo conforme al aspecto de los fósiles que teníamos delante, como se verá a continuación. El ejemplar marcado con la inscripción *Capitán Kidd, el Pirata,* fué examinado en todas sus dimensiones. Tiene en la cabeza y en parte de la cara un forro parecido al de la cola del caballo. Con mucho trabajo logramos quitarle la piel, y descubrimos que el cuerpo es de una substancia muy pulimentada y blanca, en estado de petrificación completa. Todavía llevaba sin digerir la paja que había comido en edades remotas, y que le había bajado hasta las piernas.

"En derredor de estos fósiles había objetos que carecerían de siguificación para el ignorante; pero que eran una revelación a los ojos escrutadores de la Ciencia. Ellos ponen de manifiesto en toda su desnudez los misterios de las edades pretéritas. Los viejos códices nos hablan de los hábitos del *hombre,* cuando éste pasó por la tierra. Pero nosotros pudimos examinar las pruebas fehacientes de que vivió en las primeras edades de la creación, al mismo tiempo que otros órdenes inferiores de la vida, pertenecientes a aquellos tiempos ya olvidados. Vimos, en efecto, el nautilo fósil que surcó los mares pri-

mitivos del planeta; vimos el esqueleto del mastodonte, el del ictiosauro, el del oso de las cavernas,
el del prodigioso alce. Vimos huesos de otros animales extinguidos, y los del *hombre* joven, todos
ellos vacíos completamente, lo que indica que el tué-
tano era uno de los antojos más codiciados por su
gula. Evidentemente, el *hombre* había chupado el
contenido de aquellos huesos, pues no había en ellos
huellas de dentelladas de otros animales. Estercolín
objetó que la acción de los dientes no se imprime en
los huesos. Había también algunos hechos por los
que se infiere que el *hombre* tenía una vaga y gro-
sera idea del arte, pues encontramos ciertos objetos
con inscripciones en lengua indescifrable, que decían: *Hachas de Sílex, cuchillos, pedernales, ador-
nos de hueso del hombre primitivo.*

"Al parecer, algunos de estos objetos eran armas
sacadas de la piedra, y en cierto lugar apartado vimos otras en fabricación, con esta leyenda intraduc-
tible, escrita sobre un objeto delgado y frágil:

"Juanes: Si no quiere usted que se le
despida del Museo, haga usted las armas
del hombre primitivo con más cuidado,
pues las últimas no engañan ni a los profe-
sores de la Universidad. Los animales que
pintó usted en algunos de los Ornamentos
de Hueso son una vergüenza para cualquier hombre primitivo.—*M. H. Campos,*
Director."

"Al otro lado del cementerio había un montón de cenizas, lo que indica la costumbre que tenía el *hombre* de celebrar fiestas en los funerales. ¿Cómo explicar sin esto la existencia de cenizas en tal sitio? También se demuestra que creía en Dios y en la inmortalidad del alma. ¿Podría de otro modo celebrar tales ceremonias?

"Resumiendo:

"I.—Sabemos que el hombre tenía un lenguaje escrito. Sabemos por observación directa que existió en algún tiempo, y que no es mítico.

"II.—Sabemos que fué contemporáneo del oso de las cavernas, del mastodonte y de otras especies extinguidas.

"III.—Sabemos que asaba y comía a esos animales, así como a los más jóvenes de su propia especie.

"IV.—Sabemos que usó armas muy inperfectas y que tuvo ciertas nociones de arte.

"V.—Sabemos que se creyó dotado de alma, y que tuvo el capricho de considerarse inmortal.

"Pero no nos entreguemos a la hilaridad, pues bien pudiera haber otros seres para quienes nosotros y nuestras vanidades y profundidades tuvieran el mismo aspecto ridículo."

TERCERA PARTE

Cerca de la margen del gran río, los sabios descubrieron una piedra colosal en la que había esta inscripción:

"En la primavera de 1847, el río salió
de madre, e inundó toda la ciudad. La profundidad de las aguas era de 50 centímetros a un metro 50 centímetros. Se perdieron más de 900 cabezas de ganado mayor, y muchas personas quedaron sin hogar. El Alcalde ordenó que se erigiera
este monumento, para perpetua memoria
del calamitoso suceso. ¡Dios nos libre de
una nueva catástrofe!"

El profesor Loombricilla pudo traducir esta inscripción, después de emplear en su labor muchas de
las más fecundas vigilias de aquella carrera glorio-
sa. Enviada al país la traducción de Lombricilla,
produjo una enorme excitación entre los conciu-
dadanos del insigne filólogo, pues confirmó de un
modo estupendo ciertas antiguas tradiciones que el
pueblo conservaba como un tesoro Es verdad que en
la traducción había dos o tres lagunas, pero éstas
no quitaban su claridad al significado del documento epigráfico. He aquí cómo lo autorizó el eminente
Lombricilla:

"Hace cien mil ochocientos cuarenta y
siete años, los (¿fuegos?) bajaron y con-
sumieron toda la ciudad. Sólo se salvaron
novecientas almas. Todas las demás fueron destruídas. El (¿Rey?) mandó que se
levantase esta piedra para... (intraducible)
impedir que se repita la catástrofe."

Esta fué la primera traducción que pudo hacerse de los extraños caracteres usados por la extinguida especie del *hombre,* con la seguridad plena del acierto, y subió tanto el prestigio de Lombricilla que todos los Centros doctos de su patria nativa le confirieron los grados más eminentes. Se creía comúnmente que si hubiera sido soldado, y como tal hubiera consagrado su espléndido talento al exterminio de una remota tribu de reptiles, el Rey no habría tardado en otorgarle un título nobiliario y en darle grandes riquezas. En la traducción de Lombricilla tuvo origen la célebre escuela llamada de Homologistas, creada especialmente para descifrar los antiguos documentos dejados por el ave llamada *hombre.* (Ultimamente se ha averiguado que el hombre era ave y no reptil.) Pero a pesar de la fundación de aquella escuela, Lombricilla fué, y es aún, la autoridad indiscutible en la materia, pues nadie ha logrado hacer traducciones tan limpias de error como las suyas. Los demás se equivocan; él, jamás. Se han encontrado muchos vestigios epigráficos de la perdida raza; pero ninguno alcanza el renombre y la veneración de la *Piedra del Rey,* o sea de la *Piedra del Alcalde,* en la lengua del *hombre.*

Otro de los grandes descubrimientos de la expedición científica, fué la de una gran masa plana de diez ranadas de diámetro y cinco o seis de altura. El profesor Caracolillo se caló las gafas y examinó el contorno de aquel objeto. Dicho esto, trepó a la cima y la inspeccionó. Después dijo:

—La perlustración y la percontación de esta protuberancia isoperimétrica, es la afirmación de que constituye una de las creaciones más raras y maravillosas de los constructores de montículos. El hecho de que ésta sea lamelibranquiata en su formación le presta un interés más grande, por constituír tal vez una variedad diferente de todas las que encontramos en los anales científicos, sin que el hecho impida la autenticidad del ejemplar. Si el aparato megalofónico del Dr. Saltamontes emite un sonido penetrante, acudirá el negligente Estercolín, y este operario circunferencial hará las excavaciones necesarias para que nuestro saber acumule nuevos tesoros.

A falta del Escarabajo, que no pudo ser habido, acudió una compañía de Hormigas. Nada se descubrió. Esto habría sido una desilusión para los sabios; pero el venerable duque de las Antenas dió la siguiente explicación:

—Tengo por evidente que la misteriosa y olvidada raza de los Constructores de Montículos no destinó siempre estos edificios para mausoleos, pues en tal caso hoy habríamos encontrado un esqueleto, como ha sucedido en otras ocasiones. Y habríamos encontrado también los rudos utensilios de que se servían aquellos seres. ¿No es cosa evidente?

—Evidente, evidente—repitieron todos los sabios.

—Si esto es así, nuestro descubrimiento tiene un carácter peculiar, y en vez de disminuir nuestros conocimientos sobre el Constructor de Montículos, el hecho viene a darles mayor alcance. La expedición cobrará lustre y fama por lo que se ha hecho en este montículo, y los sabios del mundo entero nos aplaudirán con entusiasmo. La ausencia de huesos y cacharros en este montículo significa sólo que el Constructor no era un reptil ignorante y salvaje como se ha venido sosteniendo por todos los tratadistas, sino un ser culto y de una inteligencia muy desarrollada, no sólo capaz de apreciar los grandes y nobles hechos de los individuos de su especie, sino de conmemorarlos. ¡Ilustres colegas, este montículo no es un sepulcro, es un monumento!

La impresión fué profunda.

El silencio se interrumpió por una risa destemplada. Estercolín se presentó como en otras ocasiones.

—¿Un monumento? ¡Un monumento del Constructor de Montículos! Efectivamente, lo es. Lo es para el ojo avizor de la Ciencia; pero un pobre diablo, un ignorante que jamás ha pisado las aulas, dice que no hay tal monumento, en el riguroso sentido de la palabra por lo menos, si bien posee ricas y muy nobles propiedades. Y, con permiso de Su Gracia, voy a manufacturar esferitas de una monería y...

Estercolín fué arrojado a golpes, y sin pérdida de momento los dibujantes de la expedición hicieron vistas del monumento, situándose en todos los puntos favorables. En el frenesí de su celo científico, el profesor Lombricilla recorría el monumento en todos sentidos, con la esperanza de encontrar alguna inscripción. Pero si la hubo, ha de haber sido arrancada por algún vándalo para llevársela como reliquia.

Hechas las vistas, se procedió a cargar el monumento, colocándolo al efecto sobre las conchas de cuatro grandes tortugas, pues se le había destinado al Museo Real. Cuando llegó a la Corte, fué recibido con pompa, y millares de personas lo acompañaron hasta que se hizo la instalación. Encabezaba la procesión el soberano Ránido XVI, y para dar más atractivo a la ceremonia, el Rey consintió en ir sentado sobre el monumento desde las afueras de la ciudad hasta el Museo.

Entretanto, los rigores de la estación aconsejaban a los sabios la suspensión de sus tareas, y empezaron a preparar el regreso a la Patria. Pero esto no impidió que aprovecharan el tiempo, y el último día de su permanencia en las cavernas fué de los más fructuosos. Efectivamente, uno de los Académicos encontró en un rincón apartado del Cementerio, o Museo, el objeto más sorprendente que hasta entonces se hubiera visto. Era un *hombre-ave* de estructura especial, o más bien dos *hombres-aves*, ligados el uno al otro por el pecho. Abajo estaba una inscripción intraducible, que decía: *Los hermanos Siameses*. El informe oficial que se rindió a las Academias, decía, para terminar:

"Por lo anterior se infiere que hubo dos especies de este pavo majestuoso llamado *Hombre*: una de ellas era sencilla, y la otra doble. La Naturaleza tene razón en todo cuanto hace. El Ojo de la Ciencia ve claramente que el *hombre doble* habitaba en su origen regiones en donde abundaban los peligros. Así fué como por la ley de Supervivencia de los más aptos, el *hombre* vivía en parejas pegadas, a fin de que mientras uno de esos seres durmiera el otro velara, y en el momento de la inminencia del peligro descubierto por el pavo que no dormía, los dos opusiesen sus fuerzas unidas para resistirlo. ¡Honremos a la Ciencia que, como Dios, no conoce misterios!"

Cerca del *doble hombre-ave* se encontró una historia, en numerosísimas hojas, de una substancia delgada y blanca, que estaban encuadernadas. El profesor Lombricilla descubrió inmediatamente la siguiente frase, que pudo traducir sin el menor tropiezo, y que puso a la vista de sus colegas. Todos los que leyeron aquella frase fueron arrebatados por la más viva sorpresa y por el entusiasmo más delirante. La frase dice así:

"Muchos creen que los animales inferiores razonan y hablan entre sí."

Cuando se dió a luz el *Informe Oficial de la Expedición*, la frase anterior aparecía comentada en los términos que siguen:

"¡Y se dice en aquella historia que hay animales inferiores al *hombre*! Es inconfundible el significado de este notable pasaje. El *hombre* es una especie extinguida, pero bien puede existir aún. En tal caso, ¿qué son y en dónde habitan esos seres?

El entusiasmo traspasa todos los límites cuando consideramos el campo brillantísimo de investigaciones y descubrimientos que se abre a la Ciencia. No terminaremos nuestra labor sin rogar humildemente a Vuestra Majestad que se nombre por el Gobierno una Comisión, para que, ésta proceda a buscar los individuos supervivientes de una especie cuya existencia actual no se sospechaba."

Después de tan larga ausencia y de tan concienzudos trabajos, la expedición volvió a la Corte, y el pueblo de toda la nación le hizo un recibimiento digno de ella. Las ovaciones se sucedían de ciudad en ciudad y de villorrio en villorrio.

No faltaron aristarcos, es verdad. Siempre los ha habido y no dejará de haberlos. Naturalmente, uno de ellos fué el obsceno Estercolín. Decía en los corrillos de gente vulgar que sus viajes le habían enseñado una sola cosa, y era que, con un adarme de suposiciones, la Ciencia construye una montaña de hechos demostrados, y que él, por su parte, se contentaría con el conocimiento que la Naturaleza imparte libremente a todas sus criaturas, sin atreverse a inquirir los augustos secretos de la Divinidad.

VIII

JORGE WASHINGTON, SU INFANCIA Y MI ACORDEON

.

Soy hombre metódico, y voy a proceder metódicamente. Esta narración se refiere, en primer lugar,
a Jorge Washington, el hombre que jamás mintió,
y en segundo lugar, a las personas que son verdugos
del prójimo por creerse dotadas de genio musical.

La anécdota de Jorge Washington es admirable;
pero comencemos por las consideraciones musica-
les que deben servir de introducción a la mencionada anécdota del niño Washington, "incapaz de
mentir".

Supongamos que un vecino de mi lector tiene,
como mi vecino, el capricho de violar la calma sagrada de la noche con los bufidos de un trombón.
¿Qué hará el lector? De seguro considerará un deber la resignación cristiana, y un privilegio de su
exquisita naturaleza compadecer al desdichado cuyos instintos buscan solaz en esa discordancia. Yo

no he sido siempre de apacible condición, y si hoy
me siento penetrado de benevolencia para los mal-
vados que por afición destrozan el tímpano de sus
vecinos, esto se debe a una tristísima experiencia
personal que fué consecuencia de ese mismo instinto de que hablo, desarrollado en mí sin que la
voluntad tomara parte en ello. El infiel de la acera
de enfrente, ese infeliz que aprende a tocar el trombón y cuya lentitud en el adelanto llega casi a los
confines del milagro, reanuda noche a noche sus
ejercicios, sin que yo lo maldiga, pues, antes bien,
lo compadezco tiernamente desde el fondo de mi
corazón. Hace diez años, el mismo crimen hubiera
sido castigado ferozmente, pues yo habría incen-
diado la casa del malhechor. Yo era entonces víctima de un aprendiz de violinista, y puedo llamar
inconcebibles los sufrimientos que me infligió aquel
hombre durante las dos o tres semanas que sufrí su
intolerable vecindad. El mal no consistía en que el
infame tocara siempre *Old Dan Tucker* y en que no
tocara otra cosa, sino en que lo hacía tan mal, que
yo rabiaba invariablemente si estaba despierto o
tenía una pesadilla si estaba dormido. Con todo,
sufrí valientemente la prueba y me abstuve de toda
violencia; pero un día aquel desalmado proyectó
un nuevo crimen. Su intento de tocar *Home, Sweet
Home* fué superior a mi resistencia, y procedí a la
ejecución de la venganza que meditaba hacía largo
tiempo: incendié su morada.

Después me atacó un miserable clarinetista. Sólo

tocaba la escala. A éste también le dejé libre campo mientras siguió por la vía que se había trazado para su genio. Pero llegó el momento fatal de las innovaciones; pretendió tocar una tonada lúgubre, y yo sentí que la luz de la razón me abandonaba en el potro de aquella exquisita tortura. Impulsado por un arrebato irrefrenable, consumé el acto de justicia.

Pasaron dos años, y en ese tiempo he tenido que apelar a las vías ejecutivas contra un cornetista, un buglista y un fagotista. No fué esto lo único que experimenté durante los dos años de que hablo. También se interpuso en el camino un bárbaro que creía estar dotado de las facultades excelsas del genio para tocar los timbales.

Si en aquel tiempo el trombonista de hoy hubiera vivido cerca de mí, habría conocido los efectos mortales de mi cólera. Pero como he dicho, lo abandono a su suerte, y si perece, que sea por obra de su propia perversidad. Mi experiencia como aficionado es tal, que siento piedad por todos los que, como yo en un tiempo, tienen la desdicha de caer en las tentaciones de la melomanía. Yo sé que cada uno de nosotros lleva en las fibras ocultas de su ser una inclinación invencible para tal o cual instrumento músico; está fuera de lo humano resistir a la tentación de aprender a tocar ese instrumento; tarde o temprano hay que cultivar la ingrata tierra de la monomanía. ¡Pensad un instante, vosotros los que despertáis frenéticos cuando una mano incierta procura subrayar las cuerdas de un violín, agotándose en tentativas inútiles y desmoralizadoras! ¡Tarde o temprano llegará el momento en que vosotros también, hombres intolerantes, seréis intolerables! Habláis con ligera ferocidad contra aquel que os ha despertado de un sueño delicioso, llenando el ambiente nocturno con los horrores de una nota peculiarmente diabólica; pero al considerar que todos los hombres somos hermanos en el destino de una común miseria, veréis la injusticia de vuestra indignación.

El monomaníaco del trombón es algo más que un prójimo para mí: es un desventurado que exterioriza su infortunio. Tiene momentos de inspiración, ¿cómo negarlo? Yo lo sé, lo siento cuando uno de los bramidos de su instrumento levanta mi cabeza de las almohadas y me obliga a sentarme sobre el lecho, trémulo, cubierto de un sudor frío. Mi primer pensamiento es el del terremoto; pero al sentir que la tierra está inmóvil, y al pensar que hay trombones en su anchurosa superficie, me asalta la idea del suicidio, y sin quererlo, pienso en el sueño inalterable de la tumba. Un instinto que asoma en mi corazón, dirige mi mano hacia el lugar en donde están las cerillas productoras del incendio con que he castigado a los perturbadores de mi sueño. ¿Pero voy a incendiar la casa del trombonista? Eso sería una impiedad. La Providencia traza caminos misteriosos, y el hombre del trombón es víctima de su destino. Pienso que sufre y que su tribulación no tiene acaso remedio. ¿Voy a envolverlo en las llamas de un incendio punitivo?

Yo me creía inmunizado de la locura funesta a cuyo impulso nos proclamamos músicos, desafiando la manifiesta voluntad de Dios, que nos manda aserrar madera o hacer otra cosa útil y permitida por las leyes. Pero he aquí que un día caí víctima del instrumento llamado acordeón. Hoy lo odio fervientemente, tanto como el que más; pero entonces sentí sin saber cómo, una adoración idolátrica y repugnante por sus melodías. Compré un acordeón colosal, y aprendí a tocar *Auld Lang Syne*. Hoy, que puedo reflexionar fríamente, creo que sólo por inspiración pude haber elegido aquella tonada, que es la más horrible y descorazonadora de cuantas permite la caja de un acordeón. ¿Quién me la indicó entre las sombras de mi total ignorancia? No creo posible que haya en todo el universo una canción comparable con aquélla en lo que se refiere al poder perfecto de difundir la desesperación en la especie humana. Mi corta carrera musical ha sido por esto insuperable.

Llevaba seis u ocho días de ejecutar *Lang Sync*, cuando tuve el pensamiento vanidoso de introducir mejoras en la melodía original, y al instante la adorné con arabescos y variaciones. Mi genio inventivo produjo instantáneamente un resultado. Tal fué la presencia de la patrona en mi habitación. La expresión de su rostro era de viva oposición a mis tentativas creadoras.

—Señor Twain, ¿conoce usted otra melodía?—me preguntó.

—No conozco otra, señora—contesté con tono suave y conciliador.

—En tal caso, tóquela usted tal como es, y absténgase de variaciones, pues los huéspedes ya tienen bastante con la composición original.

Sí; ya tenían bastante. Ya tenían demasiado los infelices. La mitad de la pensión quedó vacía, y la otra mitad habría quedado lo mismo si la señora Jones no me hubiera puesto en la calle.

Sólo pasé una noche en la casa de la señora Smith, porque a la mañana siguiente, la patrona se me presentó para decir:

—Puede usted marcharse a la hora que quiera. Por mí, ya baja usted la escalera. He tenido otro como usted. Era un pobre loco que tocaba el *banjo*, bailaba y hacía saltar los cristales con el ruido de su música. Usted no me dejó cerrar los ojos en toda la noche, y creo que si se repite la experiencia, vengo y le rompo el acordeón en la cabeza.

Por lo visto, la señora Smith no era muy aficionada a la música. Me mudé a la casa de la señora Brown.

Durante tres noches consecutivas mis vecinos disfrutaron de *Auld Lang Syne*, genuino e inadulterado, salvo algunas discordancias, que a mi entender, fueron favorables para el efecto de la ejecución. Sin embargo, los huéspedes se mantuvieron relativamente tranquilos. Intenté las variaciones, y no bien hube comenzado, se produjo el motín. La opinión unánime era adversa a las variaciones. Había logrado cuanto podía ambicionar en la esfera del arte, y dejé aquella casa sin pesar. En efecto, uno de los huéspedes perdió la razón, y otro intentó arrancarle el cuero cabelludo a su propia madre. Yo estaba perfectamente convencido de que a la siguiente audición, el parricidio se hubiera consumado.

Fuí entonces a vivir a la casa de la señora Murphy, italiana de prendas estimabilísimas. La primera vez que toqué las variedades, un anciano macilento, abatido, de faz cadavérica, entró en mi cuarto, y se quedó mirándome, con el rostro iluminado por la expresión de una inefable dicha. Puso la mano sobre mi cabeza, y miró hacia arriba, con la unción del creyente. Después me habló, y yo sentía que sus palabras llegaban a mi oído, entrecortadas y trémulas por la emoción que embargaba al buen anciano.

—Joven—me dijo—. Dios bendiga a usted. Dios lo bendiga, como yo lo bendigo. Lo que ha hecho usted, sobrepuja a cuanto yo pudiera decir para alabarlo. Desde hace muchos años sufro una enfermedad incurable. He luchado en vano para resignarme con mi suerte. El amor a la vida se sobreponía en mí a todos los consejos de la razón y de la fe. Usted es mi benefactor. El cielo se lo premie. Desde que oí tocar las variaciones de usted, ha entrado en mí la persuasión de que esta vida es indigna de nuestro amor. Ya no quiero vivir... No sólo estoy resig-

nado a la muerte, sino que la quiero y la espero con
ansia.

El anciano se arrojó a mis brazos, y derramó abundantes lágrimas de felicidad. Yo estaba sorprendi-
do; pero, a pesar del asombro que me causaban las
palabras y el llanto del anciano, el orgullo embargaba mi pecho. Cuando el anciano llegó al umbral de
la puerta, yo lo despedí con una de mis variaciones
más dilacerantes. El se dobló como la hoja de la
navaja cuando la cerramos de golpe. Cayó en el lecho del dolor, y no lo abandonó sino cuando lo sa-
caron en una caja metálica. Mi acordeón lo había
curado.

Todo pasa, y la pasión que yo sentía se extinguió
al cabo. Un día me encontré sano, libre para siempre de la influencia maligna del acordeón. Mientras
fuí músico, yo no era un hombre, sino una calamidad
a quien acompañaban la desolación y el desastre.
Sembraba la discordia en las familias, entenebrecía el
espíritu de las personas joviales, desesperaba a los
melancólicos, apresuraba la muerte de los enfermos, y
creo que turbaba la paz de las tumbas. Fuí causa
de incalculables daños, e infligí sufrimientos inde-
cibles con mi execrable música. Como compensación,
sólo fuí autor de un acto caritativo: el de llevar la
resignación al pecho de aquel anciano.

Otro de los beneficios que produjo el acordeón,
fué el de no pagar en las casas de huéspedes, pues
las patronas se allanaban a toda clase de arreglos

por la satisfacción de verme partir con el instrumento debajo del brazo.

Creo que lo anterior habrá llenado uno de los dos objetos que me propuse al tomar la pluma, pues desde que mis lectores sepan la verdadera naturaleza del mal melódico, perdonarán a cuantos infelices turban el sueño de sus vecinos para cultivar el genio de que se sienten dotados.

El otro objeto de mi trabajo era referir la anécdota admirable del niño Jorge Washington, incapaz de mentir. Me proponía, en efecto, hablar de aquel cerezo o manzano—no sé si era cerezo o manzano—, aunque ayer me lo refirieron a mí... La parte relativa a la música ha sido tan larga, que ya no es posible hablar del niño Washington, entre otras cosas, porque olvidé el cuento.

Pero juro que era conmovedor.

IX

UNA VIDA DE PLUTARCO

Hoy es día del natalicio de Jorge Washington. Hablando con precisión, el hecho ocurrió hace muchos años. ¡Cuán profunda es la significación que tiene para nosotros este recuerdo! Y hablo especialmente de todos los que hemos nacido también, aunque haya sido con mucha posterioridad. Encomendamos el hecho. a la meditación de los jóvenes, ya que han de tomar a Washington por modelo, y esforzarse en imitarlo. No deben retroceder pensando que otros muchos millones de compatriotas han intentado nacer antes que ellos, y no han conseguido igualar en esto a nuestro héroe. Pero el ejemplo de esos fracasos no debe acobardarlos.

Jorge Washington era el menor de nueve niños. Ocho de esos niños fueron hijos de los tíos de Washington. Este, grande en todo, tuvo ocho primos, y además no tuvo hermanos.

Durante su infancia, Washington no dió señales de la excelsitud que habría de distinguirle más tarde. Ignoraba hasta las cosas más comunes en los niños de su edad. Por ejemplo, dicen que no sabía mentir. Esto indica que estaban fuera de su alcance esas ventajas de que hoy disfrutan hasta los niños de cuna más humilde. En nuestros días todos los niños pueden mentir libremente. Yo andaba todavía a gatas y ya mentía. Verdad es que esta chispa del genio era tan común en mi familia, que no llamaron la atención mis facultades.

A Jorgito le faltaba la sagacidad en lo absoluto. Cuéntase de él que en una ocasión derribó el cerezo predilecto de su padre y que no se dió maña para ocultar aquella travesura.

En otra ocasión estuvo a punto de hacerse guardia marina, pero su madre le dijo que si se embarcaba, necesariamente estaría ausente de la casa paterna, y que esta ausencia continuaría por fuerza hasta el momento del regreso. La triste verdad impresionó tan profundamente al joven Washington, que mandó por su baúl, pues ya lo tenía a bordo, y con toda tranquilidad y firmeza negó su cooperación en los combates de la marina real para no causar una pena tan grande a la autora de sus días.

El joven Washington obraba siempre inspirado por los más altos y puros principios de la Moral, de la Justicia y del Derecho. Era en todo un modelo digno de la emulación de los otros jóvenes. Siempre se le vió dispuesto a cumplir con sus deberes. Un historiador ha dicho que Washington siempre estaba listo, como un millar de ladrillos. La comparación no es muy feliz. En efecto, ¿qué más dan diez mil ladrillos, o cien mil, o un millón, para hacer plena justicia al objeto de este ensayo? Las unidades de material de construcción carecen de eficacia para expresar la excesiva prontitud y fidelidad que caracterizaban al joven Jorge Washington. Su alma poseía excelencias que escapaban al escrutinio y a la computación de las matemáticas. No cabe en el paralepípedo de un ladrillo toda la sublimidad que hay en una alma tan pura.

El joven Jorge Washington se dedicó a la agrimensura, y esta fué una de las modestas funciones a que consagró su actividad en los primeros años de la vida. Obedeciendo a las órdenes del gobernador Dinwiddie, Wáshington atravesó centenares de kilómetros de bosques inextricables, infestados de indios, para libertar a algunos prisioneros ingleses. El historiador dice que aquellos indios eran de los más depravados de su linaje, y que estaban en acecho para robar y matar a los blancos. Si consideramos que pasaba por allí un blanco cada año, es de suponer cuál sería el negocio de aquellos pobres indios El hecho es que no robaron al joven Washington. Un indio pretendió hacerlo, pero no logró su propósito. Se ocultó tras de un árbol y disparó el mosquete contra el objeto de este ensayo; pero el objeto de este ensayo sacó al indio de su escondite y se lo llevó prisionero.

El largo viaje del joven Washington fué inútil, pues los franceses que tenían en su poder a los ingleses no quisieron entregarlos, y Washington volvió tristemente a su casa. Se organizó un regimiento para rescatar a los prisioneros, y Washington se encargó del mando. Tomó a los franceses en mal momento para ellos, los atacó intrépidamente y los derrotó en diez minutos. El comandante francés entregó los prisioneros. Esta fué la batalla de las Grandes Praderas.

Transcurrió mucho tiempo, y Washington fué nombrado generalísimo de los ejércitos americanos. Anduvo muy ocupado durante todo el tiempo de la Revolución. Pasó días de amargura y sufrió reveses, pero de vez en cuando daba una sorpresa al enemigo. Luchó durante siete años, acosó a los ingleses desde Harrisburg hasta Halifax, ¡y la patria fué libre!

Se le eligió presidente y a los cuatro años se le reeligió. Si viviera todavía sería presidente. ¡Así honró el pueblo al padre de su Patria!

Esperemos que la juventud tome por modelo a ese hombre incomparable. ¿Por qué no han de ser presidentes todos los jóvenes? La victoria es posible—no lo olvide la juventud—; la victoria es posible, aunque haya ciertas probabilidades en contra.

Podría yo continuar esta biografía, en beneficio de las nuevas generaciones, pero la suspendo para atender a otros asuntos más urgentes.

X

LA MORAL DE FRANKLIN

> *No dejes para maña-*
> *na lo que puedes hacer*
> *pasado mañana.* — Alma-
> naque del POBRE HOMBRE
> RICARDO.

Franklin era uno de esos individuos a quienes
las gentes llaman filósofos. Fué gemelo de otro in-
dividuo que nació en el mismo día y a la misma
hora, aunque en otra casa. Los dos acontecimientos
se efectuaron en Boston. Todavía existen las dos
casas, y tienen inscripciones relativas a los dos hechos memorables. Las inscripciones son claras, y
por lo demás, inútiles o casi inútiles, porque los habitantes de la ciudad se encargan de llamar la atención del forastero hacia los hechos de que hablo, y
cumplen su misión muchas veces por día.

El personaje objeto de este ensayo era de naturaleza viciosa, y desde los primeros años de la vida
manifestó una tendencia muy marcada a escribir

máximas y aforismos, cuyo fin era atormentar a las
nuevas generaciones de las edades futuras. Aun sus
actos más sencillos se inspiraban en el deseo de servir como ejemplo a los tiernos retoños de la posteridad, que a no ser por Franklin hubieran tenido
una infancia menos atormentada.

Precisamente con este fin perverso, Franklin se
propuso ser hijo de un fabricante de jabón. Medi-
tando, se comprende que quiso hacer sospechosos
los esfuerzos de todos los niños futuros que se
propusieran el fin lícito de elevarse en la escala
social, sin la ventaja de ser hijos de un jabonero.

Daba pruebas de una maldad única en la historia,
pues trabajaba durante todo el día, y seguía trabajando durante la noche. Fingía estudiar el Alge-
bra a la luz de una lámpara velada, para que los niños de las nuevas generaciones hicieran lo mismo,
si no querían que a todas horas sus papás les echa-
ran en cara el caso de Benjamín Franklin. No contento con estos hechos verdaderamente irritantes,
cometió el exceso de ponerse a pan y agua y de estudiar la Astronomía durante sus banquetes, lo que
ha hecho desgraciados a millones y millones de
niños cuyos padres tenían en su biblioteca la per-
niciosa biografía de aquel personaje singular.

Todas las máximas de Franklin respiraban ani-
mosidad contra los niños. Todavía hoy, estos seres
encantadores no son dueños de seguir sus instintos naturales sin tropezar con alguno de los eternos
aforismos que se les citan, legalmente autorizados

por Franklin. Supongamos que un niño quiere comprar dulces. Al instante su padre le dice:

—Recuerda, hijo mío, la sentencia de Franklin. Un penique al día es una libra al año.

Los dulces del niño toman la amargura del acíbar.

El niño acaba de repasar sus lecciones. Busca un peón y quiere jugar. El padre declara categóricamente:

—El aplazamiento de las cosas es el ladrón del tiempo.

El niño ha ejecutado un acto de abnegación; ha consumado el sacrificio de dar el mejor melocotón a su hermanita. Espera la recompensa en la forma de elogio. Nada. El padre dice:

—La recompensa de la virtud está en la virtud misma. *Franklin.*

El pobre niño deja de ser niño, y todavía en los umbrales de la juventud oye decir:

"Acostarse temprano, levantarse temprano,
hace al hombre rico, sabio, virtuoso y sano."

¿Quién puede ser sabio, rico, sano y virtuoso en tales condiciones? El lenguaje humano es impotente para expresar la suma de disgustos que me ha valido esta máxima, cada vez que mis padres han querido aplicármela. El resultado de ella es mi debilidad general, mi indigencia, mi insensatez y mi falta de moral. Muchas veces mis padres me obligaron a salir de la cama a las nueve de la mañana, y

aun a las ocho y media. ¿Cuál sería mi condición
física, moral y social si me hubieran permitido tomar el reposo que exigía mi cuerpo? Todo el mundo me honraría, y yo sería dueño de un gran al-
macén.

Pasemos a los actos que ejecutó en su vejez el
hombre de quien hablamos. Para que le permitieran
jugar a la cometa los domingos, imaginó poner una
llave en la cuerda, y dijo que se ocupaba útilmente
en la pesca de rayos. El público ingenuo volvía a
su hogar encomiando la sabiduría y el genio de un
viejo que no hacía sino profanar el día de descanso.

Ya había cumplido sesenta años y jugaba al peón
sin decírselo a nadie. Si alguien lo sorprendía en el
juego, declaraba muy formalmente que estaba calcu-
lando el crecimiento de la hierba. ¿A él qué le im-
portaba la hierba? Mi abuelo fué su amigo.

—Benjamín Franklin siempre estaba ocupado.
Siempre hacía algo—me decía.

Cuando se le sorprendía, ya en la vejez, papando
moscas, o haciendo casitas de arena, o patinando
sobre el escotillón del sótano, al instante se ponía
muy serio, soltaba una máxima, y se iba con el sombrero de lado, fingiendo que estaba preocupadísimo.
Era un tiazo.

Inventó una estufa que sirve para poner la cabeza
de un hombre como jamón ahumado, en menos de
cuatro horas. Ha de haber tenido una satisfacción
diabólica en darle su nombre a ese aparato.

Contaba con insufrible vanidad que llegó a Filadelfia llevando uno o dos chelines en el bolsillo y cuatro hogazas bajo el brazo. ¿Pero eso qué valor tiene? Cualquiera otro hubiera hecho lo mismo.

A él le corresponde el honor de haber sostenido la ventaja de que los soldados empleen arcos y flechas en vez de fusiles y bayonetas. Con su buen sentido habitual, decía que la bayoneta puede servir en ciertos casos, pero que es dudosa su aplicación útil cuando hay que atacar a un enemigo distante.

Benjamín Franklin realizó muchas cosas importantes para su país. Como este país era nuevo, se hizo célebre por haber sido la cuna de un hombre tan ilustre. Yo no me propongo callar o desestimar sus méritos, sino reducir a su justo valor las máximas que fabricó, llenas de afectación, y, sobre todo, de injustificadas pretensiones de novedad, cuando las vulgaridades de que se componen ya hacían dormir en pie a los constructores de la torre de Babel. También me propongo reducir a fragmentos microscópicos su estufa, sus teorías militares, su falta de discreción cuando llegó a Filadelfia sin dinero, para hacerse notable con ese rasgo de originalidad, su prurito de jugar a la cometa y de emplear el tiempo en tonterías por el estilo, en vez de vender las bujías y el aceite de su metáfora sobre la economía política. Pero principalmente quiero, aunque sea de un modo parcial, destruir una desastrosa idea dominante entre los jefes de familia. Estos pretenden que Franklin fué un genio por haberse entregado a

ejercicios pueriles, por haber estudiado a la luz de
la luna y por haberse levantado a media noche, en
vez de aguardar la luz del día como hace todo fiel
cristiano. Quiero además protestar contra la idea de
que el programa de Franklin, aplicado al mundo
entero, hará un Franklin de cada bestia de albarda
que lo ponga en práctica. Es necesario demostrar
que todas las deplorables excentricidades del instinto y de la conducta son pruebas y no causas del genio. Quisiera haber sido padre de mis padres el tiempo suficiente para hacerles comprender esta verdad,
e inspirarles una disposición más humana, que hubiera permitido a esta su hijo llevar la existencia feliz a que lo hacían acreedor las leyes de la naturaleza. Mi padre era rico, pero tuve que fabricar jabón. Tuve que levantarme antes del alba. Tuve que
estudiar la Geometría en el almuerzo. Tuve que salir a ver quién me compraba unos versos que com-
puse. Tuve, en suma, que hacer cuanto hizo Franklin para ser otro Franklin. ¡Y ya veis el resultado!

XI

LA TEMPESTAD Y EL MATRIMONIO MCWILLIAMS

—Sí, señor Twain—dijo el señor Mc Williams—: no hay enfermedad comparable con el terror que causa el rayo. Pero esta enfermedad, como otras muchas de las que afligen a la desdichada especie de que formamos parte, hace sus estragos principalmente en las filas del sexo femenino. No es difícil ver a un perro atacado por el miedo a la electricidad atmosférica, y hasta los hombres se sienten, no pocas veces, cruelmente azotados por la funesta enfermedad a que me refiero; pero las mujeres son su presa habitual. ¡Y de qué modo! Yo he visto mujeres, la mía, por ejemplo, capaces de luchar ventajosamente con el mismo diablo—mujeres a quienes no arredra la vista de un ratón—, que caen, sin embargo, anonadadas cuando oyen el fragor de una nube tempestuosa. No las censuremos. Compadezcámoslas, señor Twain.

Como le venía diciendo, al despertar oí un gemido... Oí una voz; era una voz distante, ahogada, que salía de regiones ignotas.

—¡Humberto! ¡Humberto!

¿Quién me llamaba? Ya despierto, pregunté dudando:

—¿Eres tú, Carolina? ¿Qué pasa? ¿En dónde estás?

—Aquí.

—¿Dónde? No comprendo.

—En la covacha. En la covacha de los zapatos. ¿No te da vergüenza quedarte dormido con esta tempestad?

—Pero ¿cómo podía darme vergüenza estando dormido? Carolina, tu lógica flaquea.

—No quieres comprender, Humberto. Lo sabes.

Oí un sollozo ahogado.

Ese sollozo impidió que saliera de mis labios una frase satírica. Enternecido dije:

—Siento infinitamente, querida mía; lamento lo que pasa. No tenía la intención... Ven a mi lado.

—¡Humberto!

—Di, amor mío.

—Pero ¿estás todavía en esa cama?

—Evidentemente. ¿En dónde puedo estar mejor que en esta cama?

—Sal de ella al instante. Ya que no te preocupa la conservación de tu propia existencia, piensa, al menos, en la mía y en la de tus hijos.

—Pero, amor mío, dime, ¿cuál es el acto criminal de que estoy acusado?

—Es inútil que pretendas ignorarlo. Sabes bien que el lugar más peligroso durante la tempestad es la cama. Lo dicen todos los libros de física. Y te quedas en esa condenada cama, sin otra razón que el deseo de disputar conmigo.

—¿Quién dice que estoy en la cama? No estoy en la cama. Con trescientos de...

Un súbito resplandor interrumpió mi frase. Siguió el ruido atronador del rayo. Entre el relámpago y la voz colérica del cielo, se oyó el chillido de espanto de mi esposa.

—¡Ya ves el resultado! ¡Humberto, Humberto! No comprendo tu impiedad. ¡Lanzar juramentos en este instante solemne!...

—Yo no he lanzado juramentos. Y, en todo caso, yo no soy autor del trueno. Es cosa independiente de que hable yo o de que me quede callado como un muro. Sabes, Carolina, o debieras saberlo, que cuando la electricidad atmosférica...

—Sí; razona, razona, razona. ¡Tienes una calma admirable! Yo no la comprendo. Ves que en toda la casa no hay un solo pararrayos, y que toda tu infeliz familia está absolutamente en manos de la Providencia... ¿Qué haces? ¿Es una cerilla? ¡Estás loco de atar!

—¿Qué mal hay en que yo encienda una cerilla? Esta alcoba es una boca de lobo.

—Apaga; apaga esa cerilla al instante. ¿Quieres sacrificarnos a todos? La cerilla es el elemento más adecuado para atraer el...

Rrrrr... Crac... Pum... Pum... Pum... Puuuum...

—¡Ya oyes! Es el resultado de tu temeridad.

—No niego la posibilidad de que una cerilla pueda atraer el rayo, pero no es la causa del rayo. Y apuesto lo que quieras. Además, ¿qué va a atraer ni qué ocho cuartos? Si, efectivamente, el rayo fué dirigido contra mi cerilla, la tempestad tiene una puntería admirable: no acierta en un millón de disparos. Ningún circo la contrataría.

—Ten, al menos, el pudor de tu impiedad. Estamos en la presencia augusta de la muerte. ¿No piensas en el más allá?... ¡Humberto!

—¿Qué hay?

—¿Has rezado?

—Pensé hacer'o; pero me divagué por ver si sabía de memoria cuántas son doce por trece. Después...

Pssssst... Pum purum... Puuum... Puuuuuum... Chassss...

—¡Estamos perdidos! ¡Estamos perdidos sin remedio! ¿Cómo has sido capaz de cometer esa negligencia? ¡Y en un momento como este!

—Cuando yo me acosté, el momento no era solemne. El cielo estaba diáfano. Y ¿quién puede suponer que todo el estrépito de esta noche es resultado de un olvido inocente? No me parece justa tu exaltación, sobre todo, tratándose de cosas que pasan cada mil años. Te juro que no había dejado de rezar desde aquel día en que fuí causa del terremoto, y eso pasó hace mucho tiempo.

—Tienes un modo de hablar... ¿Ya olvidaste lo de la fiebre amarilla?

—Escucha, Carolina, y deja ya eso de la fiebre amarilla, pues me parece una insensatez. Sabes bien que ni los telegramas llegan de aquí al Tennessee, ¿e iba a llegar la acción de mi nefanda impiedad? Admito lo del terremoto, puesto que yo estaba en el teatro de los acontecimientos; pero que me ahorquen si tengo culpa en esa condenada fie...

Pum... Purumpum... Pum pum... Puuuum...

—¿Te haces cargo, hijo mío? Estoy segura de que ha caído en alguna parte... ¡Humberto, Humberto! No veremos el día de mañana. Y ya recordarás después que tu lenguaje impío... ¡Humberto!

—Bueno. Di qué quieres.

—Ya oigo tu voz. Juraría que estás enfrente de la chimenea.

—Justamente ése es el crimen que acabo de cometer.

—Apártate de allí. ¡Pronto! Tienes la resolución deliberada de causar nuestra muerte. ¿Ignoras que el mejor conductor del rayo es el tubo de una chimenea? ¿En dónde estás?

—Junto al cuadro del "Hijo Pródigo".

—¡Por Dios, Humberto! ¿Quieres asesinarme? Aléjate. Un niño de pecho sabe el peligro a que se expone situándose junto a una ventana cuando hay tempestad. Este es mi último día, Humberto. Di.

—¿Qué he de decir?

—¿Qué movimiento es ése?

—No hay movimiento.

—¿Qué haces?

—Me pongo el pantalón.

—¡Arrójalo lejos de ti! ¡No pierdas tiempo! ¿A quién le ocurre vestirse con un tiempo como este? Y, sin embargo, no puedes alegar ignorancia, pues todas las autoridades científicas están de acuerdo en que las telas de lana atraen el rayo. No bastan las causas naturales de peligro. Todavía te empeñas en hacer cuanto es humanamente posible para agravar la situación. ¡No cantes, por Dios, no cantes! ¿En qué piensas?

—No veo la maldad que puedo cometer con mis pobres notas.

—¿No la ves? Pues si no han sido cien veces habrán sido diez mil las que te he dicho que el canto origina vibraciones en la atmósfera; que estas vibraciones desvían la corriente eléctrica, y que... ¿Abres la puerta?

—Sí; la abro. ¿Otro atentado contra la paz pública?

—No; es un acto muy inocente. El asesinato es inocente. Basta haber abierto el compendio más vulgar para saber que las corrientes de aire constituyen una invitación directa a la descarga de la electricidad atmosférica. Y dejas una hendidura. Cierra bien. Apresúrate, antes de que perezcamos. ¡Qué horror habrá comparable al de vivir con un loco de atar! ¿Qué haces?

—Nada.

—¿Nada?

—Lo equivalente a nada. Doy vuelta a la llave del agua. ¿Quién resiste este calor? Todo está cerrado a piedra y lodo. Voy a lavarme la cara para ver si así puedo respirar.

—Has perdido la cabeza. ¡Infeliz, te compadezco! Sabes que de cincuenta rayos, cuarenta y nueve caen sobre el agua. ¡Cierra esa llave! No hay salvación... No hay salvación posible. ¿Qué pasa?

—Este condenado, mil veces condenado. Nada, nada. Es un cuadro que se vino abajo.

—¡Estás cerca del muro! Jamás he visto una imprudencia como la tuya. ¿Sabes que los muros son buenos conductores de la electricidad? ¡Lo sabes, lo sabes! ¡Apártate, apártate, por Dios! No jures, te lo ruego. ¿Cómo puedes ser tan criminal viendo a toda tu desdichada familia en este peligro inminente? Aseguraría que no pediste aquella colcha de que te hablé.

—Había olvidado tu insistente recomendación.

—¡Olvidado! Puede costarte la vida. Si hubieras traído esa colcha gruesa, podrías tenderla en medio de la alcoba y acostarte sobre ella. Eso te inmunizaría. Ven, ven al instante; ven antes de que puedas cometer otra locura de efectos desastrosos.

Pretendí entrar en la covacha; pero ¿íbamos a estar allí los dos, con la puerta cerrada, sin ahogarnos dentro de aquel infiernito? Teníamos a nuestra disposición dos metros cúbicos de aire, cantidad tan pequeña, que se iniciaron los síntomas de asfixia en los dos habitantes de la covacha. Yo salí. Mi esposa me llamó.

—¡Humberto!—me dijo—, es necesario proveer a tu seguridad. Dame ese libro alemán que está sobre la repisa de la chimenea. Trae también una bujía. No la enciendas. Yo lo haré aquí, donde no hay peligro. Ese libro contiene algunas instrucciones.

Tomé el libro sin otro inconveniente que la destrucción de un vaso y de algunos objetos del mismo tamaño y de mayor fragilidad. Mi esposa encendió la bujía y se absorbió en la lectura. Pocos minutos después llamada a su cónyuge:

—Ven, Humberto. ¿Quieres decirme lo que ocurre?

—No soy yo: es el gato.

—¡El gato! Había olvidado ese peligro. Cógelo y enciérralo en la cómoda del lavabo. ¡Pronto, amor mío! Los gatos son animales saturados de electricidad. Tengo la seguridad de que al despuntar la aurora, mis cabellos estarán más blancos que la nieve. Eso se entiene si sobrevivimos a la catástrofe.

Oí de nuevo los ahogados sollozos de la mártir. Su aflicción me impulsó a una tentativa que no habría iniciado por propia y deliberada voluntad. A pesar de las tinieblas, salvando cuanto obstáculo se me interponía—todos ellos más o menos duros y limitados por cortantes aristas—, me apoderé del gato, que había buscado refugio bajo la misma cómoda que iba a ser su cárcel. El importe de las pérdidas no pasó de cuatrocientos dólares, pues fueron pocos los objetos destruídos durante la caza, aunque algunos de ellos eran de cierto valor. En las pérdidas no se computa la piel de mis dos espinillas.

Los sollozos de la covacha empezaron a hablar:

—Dice el libro que lo más seguro es ponerse en pie sobre una silla, en medio de la estancia amenazada por la tempestad eléctrica. Hay que colocar las patas de la silla sobre cuatro cuerpos no conductores. Yo te aconsejo que traigas cuatro vasos.

Psssst... Pum... Pum... Purum... Puuuum...

—¿Estás oyendo? ¡Pronto, Humberto, antes de que tu cabeza atraiga el rayo!

Busqué los vasos. Logré llevar los cuatro últimos, después de la infalible ruina del aparador. Aislé concienzudamente la silla, y pedí nuevas instrucciones.

—Voy a traducir el texto alemán—dijo la voz de la covacha—. "Durante la tempestad es necesario tener cerca... metales... esto quiere... anillos; conservar relojes, llaves..., y no se debe jamás... no estar en lugares en donde haya metales o cuerpos que estén unidos unos a otros, como estufas, parrillas, verjas..." ¿Qué significa esto, Humberto? No sé si debe uno conservar los metales o abstenerse... La negación. Sí; es una negación... No; son dos negaciones...

—Yo no puedo decir con toda seguridad. Hay cierta confusión. El alemán es siempre más o menos obscuro. Sin embargo, creo que debe entenderse ligado a, unido a, relacionado con... Hay que fijarse en el dativo y no confundir el genitivo con el acusativo. Para mí, hay que tener todos los metales cerca.

—Sí; eso ha de ser. Y salta a la vista. Es el principio de los pararrayos. ¿Comprendes? Cúbrete con tu casco metálico de voluntario de bomberos.

Nada más metálico, en efecto, y por lo tanto nada más pesado, más embarazoso, más incómodo que mi elegante casco de bombero, sobre todo en una noche de verano y en un cuarto cerrado herméticamente. El calor era tal que la ropa de dormir me parecía una armadura.

—Humberto, no basta proteger la cabeza. Hay que proteger el cuerpo. ¿Tendrías la bondad de ceñir tu sable de guardia nacional?

Obedecí.

—Humberto, ¿has pensado en los pies? Cálzate las espuelas.

Me puse las espuelas en silencio, procurando conservar la calma.

—Oye lo que sigue, Humberto... "es muy peligroso, no se debe... no hay que abstenerse de repicar... durante la tempestad... las campanas... la corriente de aire... la altura del campanario... de la campana que puede atraer el rayo". ¿Quiere decir esto que es peligroso no repicar durante la tempestad?

—El sentido es evidente, siempre que el participio pasado, como me parece indudable, se relacione directamente con el sujeto... La altura del campanario y la falta de movimiento en las capas de la atmósfera, hacen muy peligroso no repicar durante la tempestad. ¿No ves que la expresión...?

—Sí; conforme. Pero no perdamos un tiempo precioso. Ve y trae la campana grande. Yo la vi en el vestíbulo. Pronto, Humberto, y piensa que esto puede ser la salvación.

Nuestra quinta está en la cumbre de un collado y domina todo el valle. Las granjas de los alrededores son muy numerosas, y la más próxima se encuentra a un tiro de escopeta. No habrían transcurrido aún cinco minutos desde que comencé la tarea de menear aquella condenada campana, cuando sentí que saltaban hechas mil pedazos las persianas de la alcoba. Un vivo fulgor penetró por la abertura. A la vez decía la voz de un hombre que llevaba una linterna sorda:

—¿Pero qué diablos pasa aquí?

Junto al hombre de la pregunta había otros muchos hombres. Los ojos de todos ellos miraban con estupor mi desnudez guerrera.

Yo dejé caer la campana y salté de la silla, avergonzado y confuso.

—No es cosa de mucha importancia, amigos míos. Lo que yo hago está indicado en las obras científicas para conjurar el peligro de la tempestad.

—¿De la tempestad?

—De la tempestad.

—¿Está usted en su juicio, Sr. McWilliams? No hay una sola nube. Asómese usted para que vea las estrellas.

Me asomé, en efecto, y fué tal mi sorpresa que no acertaba a articular una palabra.

—No comprendo—dije—. Aquí hemos oído el rugido del trueno y hemos visto el fulgor de los relámpagos.

Todos los presentes cayeron por tierra, muriéndose de risa. Dos fallecieron en el acto. Uno de los supervivientes dijo:

—Si usted hubiera corrido las cortinas y abierto las persianas, Sr. McWilliams, habría visto que se disparaba un cañón y que teníamos una iluminación de fuegos de Bengala. Acaba de recibirse el telegrama de la elección de Garfield.

XII

SOBRE AVES DE CORRAL

*Carta dirigida a cierta Socie-
dad Avícola, en acción de gracias por haber nombrado al autor miembro honorario de ella.*

Desde mi primera juventud me intereso muy
seria y especialmente por todo lo que se refiere al
arte de tener aves de corral. El nombramiento con
que se me honra, despierta en mi corazón las emociones de la más grata y viva simpatía. Frecuen-
taba aún la escuela primaria, y ya los beneficios de
la avicultura eran objeto de mi predilección, por
lo que puedo asegurar, sin el menor asomo de jac-
tancia, que a la edad de diez y siete años conocía
familiarmente los métodos mejores y más rápidos
que es posible emplear para tener gallos y gallinas.
En efecto, mediante la aplicación de una cerilla de
las que llevan la marca del Diablo Rojo, puesta

debajo del pico de una ave de corral, ésta entra en vuestro dominio por muy refractaria que sea al tratamiento. Y cuando en una noche de las más crudas del invierno, insinuamos una tabla bien caliente bajo las patitas de uno de esos animales domésticos, se efectúa un movimiento ascendente por el camino que indica el experimentador, o en otros términos, el ave deja su percha y avanza por la tabla que se le presenta.

El talento con que yo procedía en la aplicación de mis métodos, era reconocido aun por los mismos animales interesados. La juventud gallinácea de ambos sexos, dejaba de escarbar la tierra con el pico, y se abstenía de buscar lombrices inmediatamente que yo me personaba en el corral. Los viejos gallos que salían cantando, enmudecían a mi vista. Contaría yo apenas veinte años, y ya mi especialidad superaba a la de cualquiera otro de los vecinos del barrio, grandes y pequeños, en el difícil arte de tener aves de todos los corrales. Mi experiencia ha sido tal en el ramo de gallinas, que la ilustre Sociedad a cuyos miembros tengo la honra de dirigirme, encontrará, sin duda, que mis indicaciones son hijas de esa preciosa experiencia. Los dos métodos de que hablo arriba son en extremo sencillos, y debo decir que su empleo es aplicable a las aves de clase ordinaria. Uno de esos procedimientos es para el verano y el otro para el invierno. Describamos el primero. Al sonar las once de una noche de estío, el experimentador en-

tra en el corral, acompañado de un amigo. Por vía
de paréntesis, diré que la hora es de la mayor importancia y que varía según los Estados de la
Unión. Se recomienda que la tarea no empiece
después de las once, pues en California y Oregón,
por ejemplo, todo el gallinero despierta a las doce,
y cacarea durante un tiempo que varía de diez a
treinta minutos, según la mayor o menor facilidad
con que los habitantes del corral consiguen que
despierte todo el público. El amigo del experimentador debe llevar consigo un saco. Cuando se ha
llegado al sitio en que está el gallo sultán (y se
recomienda que la experiencia no tenga por campo
el gallinero propio, sino el del vecino); cuando se
ha llegado, repito, al sitio en donde está el soberano, prendida la cerilla, va aplicándose ésta en el
pico de todos los piúmeos, hasta que manifiestan
voluntad resuelta de entrar al saco que lleva consigo el camarada del experimentador, sin oponer
una resistencia indebida. Hecho esto, el experimentador vuelve a su morada, unas veces llevando el
saco, otras dejándolo en el corral, según las circunstancias. "Nota bene". He conocido casos, y
esto sin que me lo contaran, en que se consideró
preferible y muy apropiado a las circunstancias,
abandonar el saco y alejarse rápidamente del lugar
de la experiencia, sin dejar las señas para el envío
de las aves apartadas en el gallinero.

Respecto del otro método mencionado para tener aves de corral, diré que el amigo y asociado

en la experiencia, lleva un cacharro con tapa, y dentro de ese cacharro una buena provisión de carbones encendidos. El experimentador alistará previamente una tabla ligera y larga. El método requiere noches muy frías. Los dos especialistas llegan al árbol, cercado o percha en donde están las aves. Recomiendo que el método sea aplicado dentro del propio corral de alguno de los experimentadores cuando éstos sean dos idiotas. Continúo. El experimentador pone a calentar un extremo de la tableta en el brasero del amigo. Tan pronto como la temperatura es suficientemente elevada, el experimentador levanta su tableta con suavidad y delicadeza, hasta poner la extremidad caliente debajo de las patitas del ave dormida. Si se trata de una verdadera ave de corral, ésta procederá inmediatamente a expresar su agradecimiento con uno o dos cloqueos, y avanzará por la tabla, convirtiéndose en un accesorio conspicuo de esa tabla antes del momento de su muerte, en tal forma que se plantea una gravísima cuestión jurídica, ya tratada por el jurisconsulto Blackstone. El ave que pasa a la tableta, ¿no ejecuta en realidad un suicidio perfectamente calificado? Pero estos refinamientos legales son objeto de medicaciones posteriores, poco apropiadas para la ocasión en que se hace la experiencia.

Suponiendo que se trata de adquirir uno de los famosos gallos de Shangay, del tamaño de un pavo y con voz tan potente como la de un asno, el mé-

todo que se recomienda es el del lazo, exactamente
como para sujetar a un toro. Se explica esta preferencia, puesto que el gallo debe ser extrangulado, y extrangulado con toda la eficacia necesaria.
La razón es obvia: si el gallazo puede exteriorizar
la tentativa de que se le hace objeto, hay noventa
probabilidades contra una de que inmediatamente,
ya sea de día, ya de noche, se presentará alguien
directamente interesado en interrumpir la experiencia.

El gallo negro español es una ave de calidad muy
fina y que alcanza precios elevadísimos. Comúnmente se vende a 35 dólares, y un ejemplar selecto vale
50, o sea, 250 pesetas. Los huevos de la gallina de
esta hermosa variedad, se venden a un dólar y a
un dólar 50 centavos. Sin embargo, son tan poco
sanos, que el médico municipal los prescribe muy
raras veces para los enfermos del Asilo de Men-
digos. Yo, sin embargo, he logrado tener hasta media docena de estos huevos, sin coste, y empleando
sólo la luz de la luna. El mejor medio que hay para
adquirir aves de la mencionada variedad, es ir lo
más tarde que se pueda y llevárselas con jaula y
todo. La razón que tengo para recomendar este
método, no escapará aun a los menos perspicaces.
Siendo tan valiosas esas aves, los dueños no las
dejan en promiscuidad con las otras, y las tienen
en una jaula tan segura como una caja de caudales
a prueba de incendio. Por la noche ponen la jaula
dentro del gallinero. El método que yo aconsejo no

produce invariablemente un efecto brillante y satisfactorio; pero como en un gallinero hay siempre
objetos dignos de la solicitud de los especialistas,
aun supuesto un fracaso en el experimento de la
jaula, quedan otros fines secundarios que compen-
san en parte la falta de un éxito completo. Así ob-
tuve yo una magnífica trampa de acero, que valdrá
noventa centavos por lo menos.

¿Pero para qué apurar los recursos del entendi-
miento en esta materia? Creo haber demostrado a
la Sociedad Avícola Occidental de Nueva York
que no soy un polluelo en materia de aves de corral, sino un hombre maduro que sabe cuanto se
puede saber en esta especialidad, y que competiría
con el mismo Presidente de la Corporación en el
conocimiento y empleo de los métodos más efica-
ces para tener gallos, pollos y gallinas. Tal es el
nuevo consocio que habéis admitido en vuestro
seno. Agradezco debidamente el diploma de honor
que me habéis concedido, y aprovecharé cuanta ocasión se me presente para dar testimonio de mi celo
oficial, ya con actos, ya empleando la pluma para
dar consejos e informes. Todo aquel que se pro-
ponga tener aves de corral, puede llamar a mi puerta, después de las once de la noche, y me encontrará dispuesto para una cooperación cordial.

XIII

CARTAS DE FAMILIA

Yo no sé qué idea tienen de nosotros los que viven al oriente de las Montañas Rocosas. ¿Creerán que los habitantes del Pacífico no somos de carne y hueso? He formulado esta pregunta, a veces con aspereza, a todas las personas conocidas que me escriben, pues sus cartas exceden a cuanto se pudiera imaginar en punto a sequedad, pobreza de expresión y falta de interés. Diríase que después de seis meses de haber emigrado a la vertiente occidental, perdemos todo derecho a la consideración y al afecto de nuestros deudos y amigos. Y para justificaros, decís que nada nos interesa de cuanto pasa lejos de nuestra vista, y que dejamos sin respuesta las cartas más afectuosas del remoto país abandonado. Si así es, y no lo niego, ¿a quién deberá culparse? Voy a deciros dos palabras acerca de esto.

El arte de la correspondencia epistolar tiene sus leyes, o, para hablar propiamente, está sometido a

una ley. ¿La conocéis, o por ventura os creeréis re-
levados de acatarla? Esa ley es de una sencillez au-
mirable. He aquí su texto: "No escribas sino sobre
aquellos asuntos que interesen a la persona con
quien desees mantener una correspondencia activa."

Supongamos el caso de viejos amigos. El que escribe la carta sabe cuáles son las personas conocidas
de él y de la persona a quien se dirige, y sabe que la
noticia más trivial, el rasgo más insignificante, la
observación más nimia que se refieran a esas personas, interesarán al destinatario de la carta. Este la
leerá desde la cruz a la fecha, aun cuando no tenga
otra luz que la del crepúsculo.

La carta de mi tía.

Veamos cómo acatáis esta ley racional y justa.
Tomáis la pluma y escribís sobre personas y sucesos
de que yo no tengo el menor antecedente. ¿Voy a
leer esta carta? Y si la leo, ¿tendré deseos de contestar? Vuestras reclamaciones carecen de sentido.
Tomemos un ejemplo. Acudo a mi archivo y saco
al azar una carta. Es la última de la tía Nancy. Elijo
un párrafo, el primero que cae bajo mi vista. La
carta fué recibida hace cuatro años. No me apresuré
a enviar la respuesta. Ya veréis la razón obvia de
mi poca prisa.

"Saint Louis, 5 de Julio de 1862.

"Querido Mark: Pasamos la velada muy con-
tentos en casa. Nos visitaron el doctor Macklin y su

esposa. Son de Peoria. El es un modesto jornalero en la viña del Señor, y le gusta el café cargado. Padece neuralgias. Le dan de preferencia en la cabeza, y es de carácter humilde y muy devoto. Hay pocos hombres como él. Servimos sopa en la comida. A mí no me gusta mucho. Mar*k*, hijo mío, ¿por qué no procuras corregirte? Te recomiendo que leas en el libro II de los Reyes, desde el capítulo II hasta el XXIV, inclusive. Me daría mucho gusto saber que ha cambiado tu corazón. La pobre señora Gabrick murió. Tú no la conociste. Le daban accesos de furor. ¡Pobre! Dios la tenga en su santo reino. El día 14, todo el ejército quedó dueño de la línea de marcha desde..."

Cuantas veces intentó leer la carta de mi tía, tuve que detenerme al comenzar este pasaje. Mi tía me daba sin duda todos los pormenores de la campaña. ¡Cerebros de roca! ¿No sabiais que el telégrafo nos traía a San Francisco esas noticias íntegras cuando todavía eran vagos rumores al oriente del Mississippí? ¿No sabiais que el expreso venía cargado de correspondencias minuciosísimas quince días antes de que llegaran vuestras cartas a mis manos? Yo, naturalmente, pasaba la espumadera sobre la parte política y militar de vuestras cartas, a riesgo de que se fueran con ellas las conmovedoras excitaciones para que leyera éste o el otro tomo de la Sagrada Escritura. Vuestros consejos eran como trampas disimuladas hábilmente entre las malezas del noticierismo trasnochado, para coger en ellas al incauto pecador.

Pero dejemos las informaciones de la guerra, por su notoria inoportunidad. ¿Qué podía importarme a mí el reverendo Macklin? El doctor Macklin, su mujer, sus neuralgias, su devoción, el lugar de su procedencia, su gusto por el café cargado, y hasta sus labores en la viña del Señor, me son de una indiferencia absoluta.. Yo podré admirar el conglomerado de virtudes que forma la personalidad religiosa del reverendo doctor Macklin; pero no paso de ahí. Me da gusto de que haya pocos hombres como él, y celebro que se hubiera servido sopa durante la comida del memorable 4 de Julio de 1862. La lectura de veintidós capítulos del libro II de los Reyes, ejercicio muy piadoso, es una nuez muy difícil de romper para un pecador tan humilde como empedernido, que no está dispuesto a adoptar la carrera de ministro de Nuestro Señor, en cuya viña hace tantos prodigios el reverendo doctor Macklin. La noticia de la muerte de aquella pobre señora Gabrick, a quien no tuve la honra de conocer, fué recibida con poco entusiasmo. Sin embargo, aun cuando no me contara en el número de sus amistades, celebré que hubiera tenido accesos de hidrofobia.

¿Comenzáis a haceros cargo? No hay una sola frase de aquella carta que pudiera ser de interés para mí. Analicemos la pieza literaria de mi tía. En su parte militar, la carte era un fiambre incomible;

en su parte religiosa, cualquier predicador la aven-
tajaría, y no tengo sino tomar el sombrero e ir a la
iglesia para oír homilías más adecuadas a mi situación; la pobre señora Gabrick me era indiferente,
y en el mismo caso se encontraba el respetabilísimo
viñador de las neuralgias. Yo me decía, dando vueltas a la carta, después de convencerme de su perfecta superfluidad:

—¿Por qué no dirá mi tía una sola palabra de
Mariana Smith? Algo daría por saber de esa amiga
de mi infancia. Tampoco habla de Georgina Brown.
¡Si al menos me contara lo que hace el tunante Ze-
bulón Leavenworth! Aun me conformaría con dos
renglones acerca de Samuelillo Bowen o de Juan
Wiley. En fin, hay otras muchas personas cuya
suerte no me preocupa, pero que forman para mí
un teatro amenísimo, por sus defectos, por sus cua-
lidades, o por su misma total insignificancia para inte-
resar a alma viviente, salvo aquellas que hayan visto
desde la niñez su nariz roja, su joroba puntiaguda o
su incolora desvergüenza. La carta de mi tía era la
vigésima de una serie de cartas idénticas. Quedó
sin respuesta, y se suspendió una correspondencia
inútil.

La carta de mi madrastra.

Mi venerable madrastra escribe con cierta ameni-
dad. En todo caso, está arriba de la línea media que
alcanza el vulgo de los autores de cartas familiares.
Ya la veo calándose sus gafas, tomando las tijeras

y entrando a saco en un montón de periódicos. Recorta cuanto hay: artículos de fondo, listas de llegadas y salidas de los hoteles, versos, cuentos, chistes, anuncios, telegramas, recetas para hacer pasteles, indicaciones para curar diviesos... No conoce los exclusivismos, y su espíritu procede con una imparcialidad absoluta. Recorta un artículo, y sigue con la vista el resto de la columna. Debo decir de paso que procede en su exploración mirando por sobre los cristales de los anteojos. Estos de nada le sirven, no hay duda. Tiene otros, pero usa los que no sirven, porque el arillo es de oro. Decía que sigue con la vista el resto de la columna, y sin vacilar recorta *todo* lo que puede recortar, dando esta razón:

—De todos modos, valga o no, el recorte es de un periódico de aquí.

Después de rellenar el sobre con sus recortes, mi madrastra escribe su carta. Habla de todos los bichos conocidos y de los no conocidos. Emplea iniciales y olvida que cuando dice: "Murió J. B., o bien W. L. se va a casar con T. D.", o que "B. K., R. M. y L. P. J. viven ya en Nueva Orleans", olvida, digo, que las iniciales de tantas gentes, unas desconocidas y otras que casi lo son ya por el tiempo transcurrido desde que no las veo ni oigo hablar de ellas, forman en mi espíritu una masa de prosa hebrea. Jamás escribe los nombres con todas sus letras. ¿Cómo voy a saber de quién habla? O me quedo a obscuras, o hago confusiones más lamentables que la sombra de la ignorancia total. Ya me suce-

dió haber llevado en el alma luto por la muerte de
Bill Kribben, en vez de regocijarme por la desaparición del horrendo canalla que pirateó por el mundo con el nombre de Benjamín Kenfuron.

La carta de mi sobrina.

¿Lo creeréis? Las cartas más amenas, las que leo
con mayor placer, son las de los niños de siete y
ocho años. Esta es una verdad petrificante. Por fortuna, esos seres minúsculos y graciosos viven dentro del horizonte de la vida doméstica: la casa, la
familia y los vecinos, les dan materia para revistas
que sus mayores considerarían indignas de la gravedad con que debe escribirse una carta destinada
a atravesar el continente americano. Escriben con
sencillez y naturalidad, y no buscan efectos. Escriben sobre lo que saben, y dejan la pluma cuando
llegan al punto en que comienza su ignorancia. Sus
cartas son breves, pero llenas de encanto para el que
las recibe. ¿Queréis adquirir un talento extraordinario en el arte epistolar? Tomad un maestro de
ocho años. Conservo entre mis tesoros una carta de
una niña de esa edad, y la conservo precisamente
porque entre todas las que recibí en el Pacífico, esa
carta fué la única que me llevó las noticias que yo
ansiaba tener.

He aquí esa obra literaria:

"Saint Louis, 17 de Mayo de 1865.

"Querido tío: Si estuvieras aquí, te diría muchas

cosas de Moisés y de la zarza encendida, que no
sabía entonces. El señor Sowerby se cayó de un caballo y se rompió una pierna. Andaba paseándose el
domingo. Margarita es ahora la camarera, y quitó
las escupideras y los cubos para el agua sucia, y los
porrones de tu cuarto. Me dijo que cree que ya no
volverás, y que te has ido hace mucho tiempo. A la
mamá de Elisa McElroy le trajeron otro niño. Tiene ojos azules como los del señor Swimley, el que
vive en la casa, y se parece mucho. Yo tengo una
muñeca nueva, pero Juanita Anderson le arrancó
una pierna. Hoy vino la señorita Doosenberry. Yo
le di tu retrato, pero dijo que no quería verlo. La
gata tiene muchos gatitos; yo creo que son el doble
de los que tiene la gata de Carlotita Belden. Hay
uno muy monín, con una colita chiquirritina, y le
puse tu nombre. Hay uno que se llama General
Grant, y otro, Margarita, y otro, Moisés. A uno le
pusieron Deuteronomio; a otro, Levítico, y a otro,
Horacio Greeley. Hay uno sin nombre. Yo no quiero que tenga nombre hasta que se muera el gatito
que tiene tu nombre, y entonces le pondré tío Mark.
El gatito está enfermo y se va a morir. Tío, yo creo
que Catalina Caldwell te quiere. Aquí lo dicen todos. Ella cree que tú eres muy guapo. A mí me dijo
que hasta las viruelas te dejarían bien, como eras
antes. Mi mamá dice que Catalina es muy viva. Y ya
no te escribo porque el General Grant anda peleando
con Moisés.

"Tu sobrina que te abraza,   *Anita.*"

La autora de estas cartas no sabe hasta qué punto me conmueve las entrañas con sus garrapatos. A mí me interesan extraordinariamente la señorita Doosenberry, Catalina Caldwell, Grant y Moisés. Y no sólo me encanta, sino que me llena de orgullo ver cómo mi sobrina ha tenido la intrepidez de sacrificar dos gatitos poniéndoles mi nombre. ¿Resistirán a la prueba? Yo sabía que Catalina Caldwell es muy viva—más de lo que dice mi hermana—; pero ¿cómo pagarle ese rasgo sutil de las viruelas?

Quiero saber todo lo que hacen los gatos; quiero saber lo que aprende Anita; quiero saber cómo sigue de su pierna el señor Sowerby. No pueden ser extraños a mi curiosidad y simpatía los ojos azules de la criatura que acaban de traerle a la señora McElroy. Siento que Juanita Anderson se permitiera arrancarle una de las piernas a la muñeca nueva. Pero ya que así es, deseo saberlo.

Lo que no quiero saber es todo lo concerniente a la virtud y a la neugalgia del reverendo Macklin. Y sobre todo, que no me envíen ese infame folleto de propaganda moral que se llama *Efectos deplorables de las bebidas alcohólicas,* con la estampa del harapiento borracho en medio de una familia harapienta.

XIV

EL ATENTADO CONTRA JULIO CESAR,
SEGUN LA PRENSA

> *(Este artículo se basa en la*
> *única relación auténtica del he-*
> *cho que se ha publicado hasta*
> *hoy. Es un extracto del diario*
> *de Roma, Los Haces de la Tar-*
> *de, que fué el primero en dar*
> *la noticia, pocas horas después*
> *del accidente.)*

Nada en el mundo es más satisfactorio para un
reportero que reunir todos los datos relativos a un
asesinato sangriento y misterioso, y exponerlos con
todas las circunstancias que puedan aumentar la
gravedad del hecho. Este trabajo encantador llena
su alma de placer, sobre todo cuando sabe que el
periódico en que escribe circulará por las calles
antes que los demás. Muchas veces he sentido la
honda pena de no haber sido reportero romano en

el momento de la muerte violenta de Julio César.
¡Cuál habría sido mi satisfacción si el periódico en
que yo trabajara, por su carácter de hoja vesper-
tina, anticipaba doce horas la narración de los hechos! El mundo ha presenciado acontecimientos no
menos sorprendentes que aquél; pero ninguno tan
acentuadamente reporteril, según entendemos hoy
las cosas periodísticas. En efecto, nunca se había
visto, ni se vió después, un suceso tan emocionante,
no sólo por la importancia personal de la víctima,
sino por la posición elevada, por la reputación sin
mancha y por la influencia política de los autores
del crimen.

No fuí el privilegiado reportero que pudo llevar
sus cuartillas a las cajas antes que ninguno de sus
colegas; pero tengo la rara satisfacción de traducir
el texto latino de los "Haces de la Tarde", diario
romano, que dió la narración completa de los hechos en su segunda edición de aquel día.

Dice así el periódico:

"La ciudad, tranquila de suyo, recibió ayer la
impresión más profunda y perturbadora que sea
posible imaginar, a causa de uno de esos crímenes
sangrientos que contristan el corazón y llenan el
alma de espanto, a la vez que inspiran hondas pre-
ocupaciones a los hombres sensatos. Temblamos
por el porvenir de una ciudad en donde la vida humana corre tantos peligros y en donde las leyes son
conculcadas abiertamente. Pero ya que el hecho se
ha cometido, cumplimos con un deber doloroso de

periodistas, refiriendo la muerte de uno de nuestros ciudadanos más respetables, hombre conocido, no sólo en Roma, sino en todos los lugares adonde llega nuestra publicación. Permítasenos recordar con orgullo y placer, la actitud siempre amistosa que hemos guardado respecto de la víctima, defendiendo su reputación, en la débil medida de nuestra capacidad, contra las calumnias de sus malquerientes. Nos referimos al Sr. D. Julio César, Emperador electo.

He aquí los hechos, tales como nuestro reportero pudo aclararlos, escogiendo entre las narraciones contradictorias de los testigos presenciales. Como puede suponerse, el origen de los acontecimientos fué una cuestión electoral. Es el caso de las nueve décimas partes de los espantosos asesinatos cotidianos que deshonran el nombre de nuestra ciudad. Las malditas elecciones traen siempre consigo una causa de odios, querellas y violencias. Por eso hemos dicho que Roma ganaría mucho si los funcionarios públicos, incluso los agentes de policía, fueran nombrados para un período de cien años por lo menos. La experiencia ha demostrado que no somos capaces de elegir ni a un perrero municipal sin que los puestos de socorro atiendan por lo menos a doce ciudadanos con fracturas en el cráneo, y sin que las inspecciones de policía se vean atestadas de ebrios y vagabundos. Según los rumores que llegan a nuestra redacción, cuando hace algunos días se proclamó en la plaza del mercado la cifra de la aplastante mayoría para la coronación de aquel caballero, no fué bastante la extraña y desinteresada negativa que formuló tres veces, para salvarlo de las insultantes murmuraciones de hombres como Casca, vecino del décimo distrito, y de otros seides de los candidatos derrotados, sobre todo los del distrito 11, los del 13 y otros de los suburbios. Muchas personas sorprendieron frases irónicas y despectivas sobre la conducta del Sr. César.

También se dice, y esto es cosa que tienen por indudable nuestros correligionarios, que el asesinato de Julio César era cosa convenida, con arreglo a un maduro plan, elaborado por Marco Bruto y los bandidos que éste tiene a su servicio. El programa se desarrolló con toda exactitud. El lector podrá juzgar por sí mismo los fundamentos que haya para esta sospecha. Por nuestra parte, absteniéndonos de conjeturas aventuradas, le sometemos la narración de los hechos y le suplicamos que los examine atentamente, con todo desapasionamiento, antes de que adopte una opinión definitiva.

El Senado se había reunido ya, y César bajaba por la calle que conduce al Capitolio, conversando con algunos amigos, y seguido de muchos ciudadanos, como sucedía ordinariamente. Al pasar frente a la droguería Demóstenes, Tucídides y Compañía, César dijo que habían llegado los idus de marzo. Estas palabras fueron dirigidas a un señor, que, según nuestro informante, se ocupa en hacer predicciones.

—Sí—contestó el vaticinador—; ya vinieron, pero no han pasado todavía.

En aquel momento se acercó Artemidoro; habló de algo que corría mucha prisa, y le rogó a César que leyera un folleto o documento u otra cosa no bien determinada por los testigos. El Sr. Decio Bruto se interpuso y dijo que tenía "una humilde súplica", cuya lectura pedía, por serle de mucho interés. Artemidoro insistió en que se leyese primero lo que él llevaba, pues se refería a asuntos de importancia personal para César. Este dijo que los asuntos relativos a su persona eran para él de menor monta, y que consideraba de su deber posponerlos. Acaso no empleó precisamente estas palabras; pero en substancia a eso se reducía el sentido de ellas. Artemidoro insistió nuevamente, para que se le diera la preferencia sin pérdida de momento (1). César rechazó su pretensión, y dijo que no leería memoriales en la calle. Inmediatamente entró en el Capitolio, seguido de la muchedumbre.

A la vez que esto pasaba, alguien oyó una conversación, que, relacionada con los hechos posteriores, tiene una significación de lo más siniestro. El Sr. Papilio Lenna le dijo a Jorge W. Casio (conocido con el apodo de "El badulaque del tercer dis-

(1) Nótese un hecho: William Shakespeare, que presenció el atentado desde que comenzaron a desarrollarse los sucesos hasta su trágico desenlace, dice que el *documento* era una carta en la que se hacían revelaciones a César sobre la existencia de una conjura para asesinarlo.

trito", y que en realidad no es sino un agitador pagado por los oposicionistas):

—Es de esperar que la empresa de usted no se malogre hoy.

—¿Qué empresa?—dijo Casio.

El Sr. Lenna no respondió, guiñó el ojo izquierdo, y dijo con disimulada indiferencia:

—Que usted lo pase bien.

Sin más, se dirigió hacia donde estaba César.

Marco Bruto, de quien se cree que era el director de la banda de asesinos, preguntó a Casio:

—¿Qué te ha dicho este?

Casio repitió las palabras de Lena, le mencionó su seña de inteligencia, y agregó:

—Temo que nuestros planes hayan sido descubiertos.

Bruto encargó a su malvado cómplice que vigilase al Sr. Lenna. Un momento después, Casio hablaba con el famélico Casca, cuya mala reputación no tenemos para qué ponderar, y le decía:

—Activa las cosas, porque temo que se nos sorprenda.

Dirigiéndose a Bruto, con mucha nerviosidad, que no le era fácil ocultar, pidió instrucciones, y juró que él o César no saldrían de allí. Antes se mataría.

César conversaba con algunos diputados de los distritos foráneos. Se trataba de las elecciones del otoño. El Emperador electo no ponía atención a lo que pasaba cerca de él. Guillermo Trebonio hablaba con Marco Antonio, hombre de buenas intenciones y gran amigo de César. Empleando algún pretexto, Trebonio logró apartar a Antonio, y cuando César quedó aislado de ese excelente amigo, lo rodearon Bruto, Decio, Casca, Cinna, Metelo Cimber y otros de la banda de bribones que tienen infestada la ciudad de Roma. Metelo Cimber se arrodilló y pidió que fuese levantado el destierro de su hermano; pero César rechazó esta petición e hizo reproches a Cimber por su actitud baja y rastrera. Bruto y Casio pidieron gracia para Publio, también desterrado, y César dió una segunda negativa. Dijo que nada lo conmovía, y que sus propósitos tenían la fijeza de la estrella polar, astro que mereció sus elogios más sinceros por la firmeza con que procede en todos los actos de su existencia y por el buen criterio que lo distingue. Se comparó con él, y dijo que no había en el país una sola persona que pudiera decir otro tanto. ¿Había desterrado a Cimber? Pues en el destierro se quedaría. Un hombre constante no da el brazo a torcer. Antes se condenaría su alma que permitir la vuelta del desterrado.

Aprovechando este fútil pretexto para reñir, Casca se arrojó contra César, y le dió una puñalada. César le tomó el brazo con la mano derecha, y con la izquierda, que recogió hasta el hombro, asestó tal puñada, que el reptil rodó por el pavimento, bañado en su propia sangre. Sin pérdida de momento, César retrocedió hasta el pedestal de la estatua de

Pompeyo, y se puso en guardia para recibir a los
que le atacaban. Casio, Cimber y Cinna se arroja-
ron sobre él, puñal en mano, y el primero logró he-
rirlo; pero antes de que repitiera la agresión y antes de que los otros hirieran a César, éste dejó tendidos a los tres infames, con sendos golpes de su
poderoso puño. El Senado era una masa confusa
y agitada, y los ciudadanos se precipitaban hacia
las puertas, haciendo esfuerzos frenéticos para es-
capar. El macero y sus auxiliares procuraban contener a los asesinos. Los más venerables senadores
abandonaban sus togas, y, trepando por las filas
de curules, se escapaban hacia las galerías laterales
para refugiarse en las salas de las comisiones. Millares de voces gritaban:

—¡Auxilio!

Otras clamaban:

—¡Guardias!

Estas voces discordantes llenaban el espacio, como el alarido de los vientos que pasan sobre las
olas encrespadas del mar. El gran César, apoyado
en el pedestal, como león acosado, luchaba a brazo
partido con sus atacantes, sin abandonar el continente altivo y el valor inflexible que tantas veces
ha mostrado en los sangrientos campos de batalla.
Guillermo Trebonio y Cayo Ligario lo hirieron;
pero cayeron por tierra como los otros conjurados.
Finalmente, cuando César vió a su antiguo amigo
Bruto, navaja en mano, listo para el asesinato, el
pesar y la sorpresa lo dominaron, según se dice, y,

dejando caer el invencible brazo izquierdo, se ocultó el rostro entre los pliegues de su manto, y recibió la puñalada traidora sin hacer el menor esfuerzo para detener el brazo que se la asestaba. Sólo dijo:

—*Et tu, Bruto?*

Y cayó sin vida sobre el duro mármol.

Se sabe que al ser asesinado, César tenía el mismo traje que vistió en la tarde del día que derrotó a los nervios, y que cuando se le desnudó, pudo verse la ropa con siete desgarraduras. No se encontró objeto alguno en los bolsillos. La ropa de César aparecerá como elemento de prueba en la investigación abierta por el juez criminal, y mediante su examen, será fácil establecer el homicidio.

Marco Antonio, que por su posición puede enterarse de todos los hechos relacionados con el acontecimiento que absorbe actualmente la opinión pública, nos comunica los datos que acabamos de consignar.

ULTIMA HORA.—En tanto que el juez convocaba al Jurado, Marco Antonio y otros amigos del difunto Julio César tomaron el cadáver de éste y se lo llevaron al Foro. Según los informes que acabamos de recibir, el citado Antonio y Bruto están pronunciando discursos, y es tal la agitación producida por ellos, que en los momentos de entrar en prensa nuestro diario, el inspector general de policía toma medidas de precaución, seguro como está de que va a haber un motín en Roma.

XV

EL ILUSTRE REVOLUCIONARIO
BUTTERWORTH STAVELY

CAPÍTULO PRIMERO

Datos geográficos y antecedentes históricos.

Por si el lector los ha olvidado, le ruego que me permita recordarle algunos hechos. Hace más de un siglo, se insurreccionó la marinería de un buque inglés llamado "Bounty". El capitán y los oficiales fueron abandonados en una lancha, y, sin duda, perecieron, en tanto que los marineros, dueños del barco, hicieron vela hacia el Sur, anclaron en una de las islas del archipiélago de Tahití, donde se procuraron mujeres, y de allí se dirigieron a un islote solitario que está en medio del Océano Pacífico, y que es conocido con el nombre de Pitcairn. Desembarcados todos los efectos, útiles y armas, que al parecer eran suficientes para la fundación de

una colonia, los tripulantes del barco rompieron
éste, a fin de aprovechar la madera, clavazón, jar-
cia y velamen.

Como Pitcairn está muy apartado de todas las
rutas comerciales, transcurrieron muchos años sin
que los colonos viesen un solo barco en su playa.
El islote figuraba como desierto en los tratados de
geografía; así es que cuando, por azar, llegó un
barco, el capitán de éste y todos los tripulantes quedaron muy sorprendidos al ver allí una población.

Los fundadores de la colonia habían vivido en
continua lucha, y los disturbios no acabaron sino
cuando quedaban sólo dos o tres viejos, que por su
edad y achaques ya no podían hacer uso del cuchi-
llo para exterminarse. Sin embargo, en medio de
las tragedias cotidianas, que duraron muchos años,
nacieron algunos hijos de los ingleses y tahitianas,
y por el año de 1808, la población blanca, polinesia
y mestiza de Pitcairn, contaba veintisiete personas.
Vivía el jefe de los amotinados, que se llamaba John
Adams, y que fué todavía durante muchos años
gobernador y patriarca de la tribu. El antiguo in-
surrecto y homicida, se había convertido en un cristiano fervoroso, predicador elocuente, cuya piedad
había hecho de aquel pueblo un grupo edificante
por sus virtudes. Adams enarboló el pabellón británico, y Pitcairn formó parte de los dominios de
Su Majestad.

Actualmente la población de Pitcairn es de 90
personas, a saber: 16 hombres, 19 mujeres, 25 ni-

ños y 30 niñas, todos descendientes de los antiguos tripulantes, todos de apellido inglés y todos herederos de la lengua de sus antepasados masculinos.

El islote es de costas altas y escarpadas. Mide tres cuartos de milla, en el sentido de la longitud, y en la parte más ancha, alcanza media milla. Las tierras de labor están repartidas entre las familias, según arreglo que data de muchos años atrás. Hay vacas y cabras, cerdos y aves de corral. Hay también algunos gatos. Los colonos carecen en absoluto de caballos, asnos, mulos y perros.

El edificio destinado al culto, sirve también de capitolio, escuela y biblioteca pública.

Durante una o dos generaciones, el gobernador ha llevado el título oficial de "Magistrado y Jefe Supremo, sujeto a la soberanía de Su Majestad". Ese gobernador reunía las atribuciones del poder legislativo y del ejecutivo. Desempeñaba sus funciones por elección. El sufragio era universal, y tenían derecho de voto hombres y mujeres desde los diez y siete años de edad.

Las únicas ocupaciones del pueblo de Pitcairn eran la agricultura y la pesca. Su única diversión, el culto divino. Eran desconocidos en el islote los comerciantes y el dinero. Las costumbres y el traje de los habitantes habían sido de un carácter primitivo. Las leyes revestían formas de una sencillez infantil. Puede asegurarse que la vida de aquel pueblo era tranquila como un domingo. Lejos del mundo y de sus ambiciones, de sus injusticias y de su vana agitación, los hijos de la libre Pitcairn veían transcurrir su existencia, ignorantes e ignorados, indiferentes a todo lo que hacían cuantos imperios poderosos se extendían más allá de las ilimitadas soledades del Océano.

Cada tres o cuatro años llegaba un buque, y por él sabían las viejas nuevas de batallas sangrientas, de epidemias devastadoras, de tronos derrocados y de dinastías desposeídas. Después de enterarse de todo esto, recibían algunas cajas de jabón y algunos tercios de franela, que adquirían mediante la entrega de una cantidad convenida de dulcísimas batatas y de otros frutos de la tierra. Concluída esta operación, el barco levaba anclas, y los colonos volvían a reanudar sus sueños apacibles y sus piadosas expansiones.

CAPÍTULO II

Un informe oficial, base de la estadística de Pitcairn.

El almirante Horsey, comandante de la escuadra inglesa del Pacífico, visitó la isla de Pitcairn el 8 de septiembre último. He aquí lo que dice de la isla en el informe oficial que conserva el Almirantazgo:

"Los habitantes tienen habichuelas, zanahorias, nabos, coles, maíz en pequeña cantidad, piñas, higos, naranjas, limones y cocos. Se visten con los géneros que les traen los barcos de paso, y que éstos dejan a cambio de provisiones de boca. La isla carece de ríos y fuentes; pero como generalmente llueve cada mes, el agua no escasea. Sin embargo, durante los primeros años de la colonia, los habitantes sufrieron a causa de la sed, por no estar acostumbrados al uso de un líquido incoloro, inodoro e insípido. Hoy las bebidas alcohólicas son empleadas únicamente como remedio. Los borrachos son desconocidos en el país.

"Para tener una idea del comercio exterior, fijaré los hechos enumerando los artículos importados a cambio de las provisiones de boca que llevan de aquí los barcos. Esos artículos son: franela, jerga, cáñamo, zapatos, peines y jabón. También hay demanda de cartas geográficas y pizarras para las escuelas. Los útiles son muy solicitados. Yo mandé que se les entregara un pabellón para que lo desplieguen cuando haya buque a la vista, y una sierra grande que les hacía mucha falta. Creo que la Superioridad tendrá a bien aprobar mis actos. Si la generosa nación inglesa conociera las necesidades de esta pequeña colonia, tan merecedora de todo género de solicitud, antes de que pasara mucho tiempo, Pitcairn recibiría cuanto le hace falta para su prosperidad.

"Todos los domingos hay servicio divino, a las diez y media de la mañana y a las tres de la tarde. El fundador del culto fué el eminente John Adams, quien ofició como pastor hasta su muerte, ocurrida en 1829. El rito es exactamente el de la Iglesia Anglicana. Actualmente el Sr. Simón Young desempeña el cargo de pastor. Young es un hombre universalmente respetado. Los miércoles hay instrucción religiosa, a la que asisten todos los que pueden hacerlo. El primer viernes de cada mes, los habitantes se reúnen para orar en común. Lo primero que se hace por la mañana, y lo último que se hace por la noche, es elevar el alma al Creador. Antes y después de las comidas, se implora la bendición del Altísimo. Las virtudes y los sentimientos religiosos de estos insulares, merecen el encomio más vivo. No necesitan misioneros ni sacerdotes quienes practican la comunión más íntima con Dios, quienes se reúnen espontáneamente para entonar himnos en su gloria, y quienes además se distinguen por su afabilidad, su diligencia y tal vez por una ausencia de vicios que pocas sociedades presentarán en el mismo grado."

CAPÍTULO III

Un acontecimiento extraordinario.

Llegamos a una frase que, sin duda, fué escrita por el Almirante sin que éste la diera mucha importancia. Acaso la dejó caer de su pluma, ignorante de la significación profunda que contiene. De lo que sí estoy seguro es de que la escribió sin segunda intención.

He aquí la frase textual:

"Acaba de llegar un extranjero a la isla. Es norteamericano. La adquisición me parece dudosa."

¡Dudosa en verdad la tal adquisición! El capitán Ornsby, del buque norteamericano "Tábano", llegó a Pitcairn tres o cuatro meses después de la visita del almirante, y por los informes de Ornsby podemos enterarnos de todo lo que se relaciona con el nuevo habitante de Pitcairn.

Relatemos los hechos cronológicamente. El nombre del norteamericano es Butterworth Stavely. Cuando conoció a los habitantes de la isla, cosa que le fué dado hacer en poco tiempo, empezó a granjearse las simpatías generales por todos los medios imaginables. Llegó a ser muy popular y además muy considerado. Abandonó cuantos hábitos pudieran recordar un pasado de poca rigidez, y adoptó las prácticas religiosas más severas. Constantemente se le veía leyendo la Biblia, u orando, y si no leía u oraba, cantaba himnos. No había en la isla quien le igualase en las dimensiones y en el fervor de sus preces.

Este es el que pudiéramos llamar período de preparación de sus planes. Llegamos a la ejecución.

CAPÍTULO IV

Un rival de Maquiavelo.

Butterworth comenzó a sembrar secretamente los gérmenes del descontento. Su oculto designio era derrocar el Gobierno; pero a nadie dijo una sola palabra de los planes que había formado con extraordinaria sagacidad. Empleaba medios diversos, según los individuos con quienes trataba. Despertaba, por ejemplo, el descontento de algunos hombres piadosos, llamándoles la atención respecto de la brevedad que se daba a los oficios divinos. En vez de dos reuniones para el culto, debía haber tres por lo menos cada domingo, y esas reuniones, que duraban una hora aproximadamente, u hora y media, durarían tres horas, según las sugestiones de Stavely. Todos los que pensaban así y que no se habían atrevido a formular una proposición en tal sentido, se unieron al norteamericano en un partido oculto para trabajar por la realización del proyecto.

Simultáneamente, Stavely había indicado a las mujeres que no se les daba en las reuniones y preces el lugar decoroso que merecían por su importancia social. Formó, pues, otro partido.

Stavely no dejaba ninguna arma sin aprovecharla. Se dirigió a los niños y les sugirió que la doctrina dominical era demasiado corta. Así se formó el tercer partido.

Cuando se vió al frente de los tres grupos en que se dividían las opiniones, consideró que la situación estaba en sus manos y que había llegado la hora de ejecutar sus grandes proyectos.

CAPÍTULO V

La acusación del Jefe Supremo.

Stavely había madurado un plan para acusar al Primer Magistrado de Pitcairn. Llamábase James Russell Nockoy, hombre enérgico y de talento, que era además inmensamente rico, pues tenía una casa con sala de recibir, tres acres de terreno plantados de ñames, y una balandra, única embarcación que había en la isla. Desgraciadamente, se presentó un pretexto para acusar a aquel hombre, íntegro y notable repúblico. Entre las leyes más antiguas y sagradas de la isla, figuraba una sobre la propiedad, considerada como el paladión de las libertades populares. Treinta años antes de los hechos que narramos, se había presentado un caso grave, que el Tribunal sólo podía fallar aplicando la ley a que he hecho referencia. Sucedió que Isabel Young, de cincuenta y ocho años en aquel tiempo, hija de John Mill, uno de los sublevados del barco inglés, era propietaria de un pollo. Este pollo pasó por un terreno perteneciente a Jueves Octubre Cristiano, de veintinueve años, nieto de Barrabás Cristiano,

sublevado también. Jueves Octubre mató el pollo.
Según la ley tutelar, Jueves Octubre podía conservar el pollo o dar sus despojos mortales al propietario
legítimo del ave, y recibir daños y perjuicios en
especie, según la naturaleza de las devastaciones
hechas por el invasor. El informe rendido al Tribunal por el Secretario decía que "el sobredicho
Jueves Octubre Cristiano había entregado el sobredicho despojo mortal a la sobredicha Isabel Young,
y que exigía una fanega de ñames como reparación
de los daños causados en la heredad del sobredicho
Jueves Octubre". Isabel Young se negó rotundamente a pagar lo que se le exigía, y consideró la
demanda como exorbitante. Ante esta negativa, el
juicio tuvo que seguir por todos sus trámites. Fa-
llado en primera instancia, se concedió a Jueves
medio almud de raíces, y el demandante no se con-
formó con la sentencia. Apeló, y llevado el asunto
a otros Tribunales, en instancias sucesivas, se confirmó la sentencia del inferior, después de diez años
de litigio. Por último, el Tribunal Supremo, que
debía dar el fallo definitivo, consideraba el pleito
en todos sus aspectos jurídicos, y para mejor proveer, lo tenía en estudio desde hacía veinte años,
hasta que, finalmente, en el pasado Agosto dictó su
sentencia, confirmando la resolución del medio almud.

Jueves se declaró conforme, aunque el fallo no
tenía apelación. Pero Stavely se hallaba presente,
habló en voz baja con el demandante, habló con el

abogado de éste, y les sugirió que como simple cuestión de trámite pidiesen la exhibición del texto legal, base del fallo, para que la Secretaría certificase su existencia. Todos consideraron esta indicación como una extravagancia, pero nadie negaba que fuese muy ingeniosa. En efecto, el demandante hizo la solicitud respectiva, y se envió un mensajero a la casa del Magistrado. Pocos momentos después se supo que el texto de la ley había desaparecido, pues no se encontraba en los archivos, del Tribunal, por muchas diligencias que hicieron los funcionarios para la busca.

El juicio quedó anulado, por haberse pronunciado de acuerdo con una ley sin existencia actual. La noticia corrió por toda la isla, y la nación entera fué presa de una profunda agitación. El arca de las libertades, la base del orden social, había desaparecido, no existía, destruída acaso por una mano traidora. Antes de que transcurriese una hora, la nación en masa acudió al pretorio, es decir, a la escuela, es decir, a la iglesia. Stavely presentó una moción de urgencia, pidiendo que fuese revocado el mandato del Magistrado prevaricador. El plebiscito fué unánime, y el Jefe Supremo bajó del Solio.

CAPÍTULO VI

El nuevo Régimen.

El acusado soportó su desgracia con la resignación del mártir y la dignidad del estoico. No alegó,
no discutió. Dijo únicamente que era extraño a la
pérdida del texto, y que había velado celosamente
por su conservación, sin permitir que alguien to-
case los archivos públicos, conservados en la misma caja de bujías donde se pusieron desde los orí-
genes de la nación.

A pesar de estas palabras tan sinceras como fir-
mes, el Jefe Supremo fué declarado culpable de
traición y abandono, y privado de las funciones que
había desempeñado desde hacía tanto tiempo. Se
le confiscaron sus propiedades. No era esta la parte más negra de la intriga, sino la calumnia que
sirvió de fundamento a los perseguidores del ilustre mandatario. Decíase que éste había destruído
el texto de la ley tutelar para favorecer a Judas
Octubre por relaciones de parentesco que tenía con
éste. ¡Como si toda la nación no fuera prima del
íntegro Magistrado! Sí; toda, menos Stavely. El
lector recordará que aquel pueblo había salido de
la unión de media docena de personas. Casados los
hijos de los sublevados, dieron nietos a éstos. Y
casados los nietos, los biznietos y tataranietos re-

sultaban consanguíneos. Hay parentescos sorprendentes, que llenan de estupefacción por sus com-
plicadísimas combinaciones. Si un forastero habla
con algún habitante de la isla, y le dice:

—¡Cómo! ¿Esa joven es sobrina de usted? Me
pareció haberle oído decir que era su tía.

—Sí—contestará el picarniano—; es mi tía, y así
la llamé al referir el parentesco evocado en aquel
momento. Pero es que ahora hablo de ella en su calidad de prima, como le hablaré a usted pronto, si
llega el caso, del afecto que le tengo por ser mi
cuñada. Además, es mi tía abuela, viuda de mi cu-
ñado, y dentro de pocos días se la presentaré a usted como mi esposa.

En presencia de estos hechos, aparece muy inconsistente la acusación de nepotismo contra el Primer Magistrado. Poco importa, pues inconsistente
o fundada, aquella acusación era el recurso que necesitaba Stavely. Se le eligió Jefe Supremo, y empezó a sudar leyes por todos los poros. Hubo una
locura de servicios religiosos. La segunda oración
mental del primer oficio, que hasta entonces había
durado media hora o tres cuartos de hora, y que
estaba destinada a pedir por todo el universo, enumerando los continentes, y después las naciones y
tribus de la Tierra, se extendió hasta ser de hora y
media. A esta oración se añadió otra en favor de
los pueblos futuros y de las poblaciones planetarias.
Todos estaban encantados; todos decían:

—Esto comienza a ser Gobierno.

Por una ley se dispuso que los tres sermones habituales de tres horas cada uno, fueran de seis horas. La nación acudió en masa para expresar su gratitud al nuevo Primer Magistrado. Una ley prohibía cocinar en día feriado; la nueva ley prohibió comer en día feriado. La doctrina del domingo debia durar siete días, para comenzar de nuevo el domingo siguiente. El regocijo era general e indecible, y antes de que transcurriera la primera semana, el Magistrado Supremo mereció aclamaciones y se le adoraba como ídolo del pueblo.

CAPÍTULO VII

La Independencia Nacional.

Era el momento que esperaba Stavely. Todo le parecía propicio para el gran movimiento que había meditado. Prudentemente comenzó a excitar la opinión pública contra Inglaterra. Habló en lo confidencial con cada uno de los principales ciudadanos, y les reveló sus miras. No tardó en aventurarse a hablar públicamente de ellas. Dijo que la nación debía a su propia dignidad, a su honor, a sus grandes tradiciones y al lugar que ocupaba en el concierto de los pueblos, afirmar su fuerza y sacudir el ominoso yugo de Inglaterra.

Los candorosos insulares decían:

—¿Qué yugo es ese? No lo hemos sentido. Cada

tres o cuatro años, Inglaterra nos envía un barco que trae jabón, franela y otros artículos de los que tenemos mucha necesidad y que recibimos con agradecimiento. No se nos molesta. Hacemos lo que nos parece conveniente.

—Sois libres de pensar así. Siempre los esclavos han hablado como vosotros. Vuestras palabras revelan la profundidad del abismo a que habéis descendido. Ellas indican cuál es vuestro embrutecimiento bajo la tiranía que os abruma. ¿Habéis renegado de la dignidad de hombres? ¿La palabra libertad no tiene sentido para vosotros? ¿Os satisface vivir como dependencia de una soberanía extraña y odiosa? ¡Y lo hacéis cuando tenéis todos los títulos para levantaros y tomar el lugar que os corresponde en la augusta familia de las naciones! Podéis ser libres, grandes, civilizados, independientes. Y no se dirá que sois los servidores de un déspota coronado, sino los árbitros de vuestro porvenir. Podréis hablar y pesar en la balanza de los destinos de las naciones, vuestras hermanas. He dicho.

Este y otros discursos semejantes, produjeron el efecto que se buscaba. Los ciudadanos comenzaron a sentir el peso del yugo británico. No podían decir exactamente en dónde estaba ese yugo y de qué manera los abrumaba, pero lo sentían. Murmuraban insistentemente; hablaban de las cadenas ominosas; suspiraban por el día de la emancipación. El pabellón inglés se hizo odioso para ellos, pues comenzaron a verlo como un símbolo de la humillación a que había sido reducida la patria. Cuando los ciudadanos pasaban cerca del Capitolio, desviaban la mirada para no ver ondear aquel odioso símbolo. Involuntariamente cerraban los puños y apretaban los dientes. Amaneció un día en que los picarnianos vieron la bandera británica, al pie del asta, cubierta de fango. No hubo una sola mano que se alargara para levantar el antiguo trapo sagrado. El acontecimiento fatal se produjo. Un pequeño grupo de ciudadanos visitó por la noche al Magistrado y le dijo:

—La odiosa tiranía es ya absolutamente insoportable. ¿Cómo podremos sacudir el yugo de la opresión?

—Con un acto de fuerza.

—¿Qué es eso?

—Una cosa muy sencilla, para la que ya todo está preparado. Yo, en mi calidad de Jefe Supremo, proclamo la Independencia Nacional, solemne y públicamente, desligándoos de todo vínculo de obediencia a un Gobierno extraño, cualquiera que éste sea.

—Parece muy sencillo y fácil, en efecto. Podemos hacerlo. ¿Y después?

—Nos apoderamos de todas las fuerzas y de las propiedades públicas; nos declaramos en estado de guerra; movilizamos el Ejército y la Marina; proclamamos el Imperio.

El plan era deslumbrador, y aquellos hombres candorosos quedaron maravillados.

—La idea es luminosa, grande, soberbia... ¿Pero qué haremos si Inglaterra resiste?

—¿Qué puede Inglaterra? Nuestra isla es un Gibraltar.

—No hay duda. ¿Pero será necesario realmente fundar un Imperio y tener un Emperador?

—¿De qué os sirven las enseñanzas de la Historia? Mirad en torno vuestro y comprenderéis que sólo os falta llegar a la unificación. Ved el caso de Alemania y el de Italia. Las dos han hecho su unidad. Hagamos la nuestra. Sin unidad, la vida no vale la pena de vivir. Obedezcamos a la ley del progreso. Necesitamos un Ejército permanente y una flota. Los impuestos vendrán después, como es natural. En esto consiste la grandeza de un pueblo. ¿Qué más podéis ambicionar cuando hayáis conquistado la unidad y la grandeza? Pero estos bienes sólo pueden emanar de un Imperio.

CAPÍTULO VIII

Las Instituciones Imperiales.

En la mañana del 8 de septiembre, la isla de Pitcairn fué proclamada nación libre, independiente y soberana, en pleno ejercicio de sus derechos internacionales. Media hora después, era solemnemente coronado Butterworth I, Emperador de Pitcairn, en medio de grandes fiestas y regocijos. La nación en-

tera, exceptuando catorce personas, que eran niños
de uno, dos y tres años, desfiló ante el trono, de
uno en fondo, con banderas desplegadas, músicas y
tambor batiente. La procesión tenía noventa pies
de largo por dos de ancho, y se observó que el paso
delante del trono duró no menos de cuarenta y cinco segundos. En los fastos de la historia de Pitcairn
no se había registrado un hecho tan grandioso. El
entusiasmo público no cabía dentro de los límites
de la ordinaria reserva.

Esa misma tarde comenzaron las reformas imperiales. Se instituyó la Nobleza. Se nombró un ministro de Marina, y se le dió posesión de la balandra
del antiguo Jefe Supremo. El ministro de la Guerra comenzó a dictar las medidas conducentes a la
formación inmediata de un ejército permanente. Se
nombró un primer lord de la Tesorería, quien hizo en
el acto mismo el proyecto de ley tributaria destinado
a crear los fondos públicos. Este lord de la Tesorería estaba encargado de abrir negociaciones
con las Potencias extranjeras para concluir con
ellas Tratados de amistad, de navegación y comercio, así como de alianzas ofensivas y defensivas. El
Soberano acordó en Consejo de Ministros el nombramiento de generales, almirantes, chambelanes,
monteros, caballerizos, etc., etc., etc.

Todas las personas disponibles recibieron alguna
comisión o empleo. El gran duque de Galilea, ministro de la Guerra, se quejó en el Consejo de que
todos los hombres maduros, que eran diez y seis,

tenían cargos de importancia, y, por lo mismo, todos se consideraban exentos del servicio militar
como soldados rasos. El marqués de Ararat, ministro
de Marina, formulaba quejas casi idénticas. El estaba dispuesto a hacer personalmente la maniobra en
la balandra; pero necesitaba, por lo menos, una persona que se encargase de figurar como tripulación.

En vista de estas circunstancias, S. M. dispuso
que los niños de diez años para arriba fuesen incor-
porados al Ejército. Así pudo formarse un Cuerpo
de diez y siete soldados, bajo las órdenes de un te-
niente general y dos coroneles. Esta medida llenó de
satisfacción al duque ministro de la Guerra, y de
ira, a todas las madres del Imperio. Ellas no querían para sus hijos las tumbas que abre la discordia en el ensangrentado campo de batalla, y hacían
responsable de la medida atentatoria al ministro de
la Guerra. Las más desoladas y las más inconsola-
bles se ocultaban tras de las puertas cuando pasaba S. M., y le arrojaban batatas, sin cuidarse de los
guardias de corps.

Entretanto, era grande el apremio en los servicios públicos por falta de personal disponible. El
duque de Betania, ministro de Comunicaciones, fué
designado para que auxiliase en la maniobra de la
balandra, y esto humilló al prócer, pues se le co-
locaba en posición inferior. Lo que indignaba al
duque era verse subordinado a nobles de categoría
inferior, y, sobre todo, que el vizconde de Canaán,
preboste de las Atarazanas Imperiales, tuviese ju-

risdicción sobre él en actos del servicio. El duque
de Betania asumió una actitud de oposición abierta,
y conspiró en secreto. El Emperador lo había pre-
visto, pero nada pudo hacer para impedirlo.

CAPÍTULO IX

La decadencia del Imperio.

Todo iba de mal en peor. El Soberano dió un día
el rescripto que hacía grande de Pitcairn a Nancy
Peter, y veinticuatro horas después se casó con
ella. Estos dos actos habían sido consumados a pesar de la enérgica oposición de sus consejeros, quienes le proponían para Emperatriz a Emelina, hija
mayor del arzobispo de Belén, fundándose en razones de Estado. La clase sacerdotal se declaró ene-
miga de la Soberana. Esta procuraba contrarrestar
el influjo del partido levítico, y quiso apoyarse en
la amistad de las treinta y seis mujeres adultas del
Imperio, nombrando damas de honor a todas ellas.
La medida produjo un efecto: las doce restantes
se declararon enemigas mortales de la Emperatriz.
Por otra parte, las familias de las damas de honor
empezaron a murmurar viendo que ya no había
quien atendiese a las faenas domésticas. Además,
las cocinas imperiales se veían sin fuego, pues las
doce mujeres que no eran damas de honor se negaron terminantemente a servir como domésticas de

Sus Majestades. La condesa de Jericó y otras señoras no menos linajudas, tuvieron que encargarse de ir a los aljibes, de barrer el palacio y de otras faenas no menos vulgares y poco gratas. Las damas de honor estaban furiosas.

Todos los súbditos se quejaban a una del peso de las contribuciones creadas para atender a los gastos del Ejército y de la Armada y para el boato de la Corte. La nación estaba reducida a la mendicidad. El Emperador procuraba calmar el descontento público; pero sus palabras no eran convincentes.

—Ved el caso de Alemania. Ved el caso de Italia. ¿Son por ventura más felices que vosotros? ¿No os he dado la unidad?

Ellos decían:

—Con unidad no se come. Tenemos hambre. No hay agricultura. Todos los hombres válidos están en el Ejército, en la Armada, en la Administración o en la Corte. Los ciudadanos llevan uniformes vistosos, se lucen y no comen. ¿Quién cultivará nuestros campos?

—Ved el ejemplo de Alemania. Ved el ejemplo de Italia. Lo mismo pasa allá. Es la política de la unificación. No conozco otros métodos para obtenerla, ni otros medios para conservarla.

Estas eran las frases de estampilla que pronunciaba el pobre Emperador.

Y el pobre pueblo respondía invariablemente:

—Los impuestos nos abruman. Ya no podemos más.

Para colmo de males, el Gabinete anunció que la
Deuda pública era de 4.095 dólares, o sea de cuarenta y cinco dólares y cincuenta centavos por cabeza. Los ministros propusieron la creación de un
nuevo impuesto. Habían oído decir que en los Estados se crea un nuevo impuesto cada vez que la
situación es intolerable, y los ministros aconsejaron el arbitrio de un derecho de importación y otro
de exportación. Querían, además, emitir bonos del
Tesoro y papel-moneda, amortizables en cincuenta
años y pagaderos con batatas y coles. Se debía a
los soldados, a los marinos, a los empleados de la
Administración y a los dignatarios del palacio. La
bancarrota se levantaba amenazadora; la revolución rugía. Era preciso tomar medidas de carácter
urgente. El Emperador adoptó una resolución enérgica, sin precedentes en la historia de la isla. El
domingo por la mañana se dirigió a la iglesia,
acompañado de toda su corte y seguido de las tropas. No bien llegó al templo, dió orden al ministro
le Hacienda para que se hiciese una colecta.

Esta fué la pluma que doblegó al camello. Un
ciudadano se levantó y dijo que no aceptaba aquel
ultraje inaudito. Otro ciudadano dijo lo mismo.
Cada negativa traía consigo la confiscación inmediata de los bienes del refractario. La energía del
procedimiento dominó las resistencias, y la colecta
se hizo en medio de un silencio lúgubre y amenazador. Al retirarse el Soberano con las tropas dijo:

—Veremos quién es el que manda aquí.

Algunos individuos gritaron:

—¡Abajo la unidad!

La soldadesca aprehendió a los delincuentes, arrebatándolos de los brazos de sus amigos, que se deshacían en lágrimas.

EPILOGO

No se necesitaba ser profeta para preverlo: en Pitcairn había nacido un demócrata socialista. Cuando el Emperador subía en su tartana dorada para retirarse de la iglesia, el demócrata socialista le dirigió diez y seis harponazos, con una falta de tino, que era de lo más democrático y de lo más socialista que puede imaginarse. El Emperador salió ileso.

En esa misma noche estallaba la revolución. La nación se levantó como un solo hombre, aunque había entre los revolucionarios cuarenta y nueve mujeres. La Infantería abatió sus armas, consistentes en perchas puntiagudas. La Artillería rompió sus cocos. El miembro de la Armada se unió a los sublevados. El Emperador fué detenido, maniatado e incomunicado en su palacio. Estaba profundamente abatido.

—Os he emancipado—decía—, y me debéis el inmenso servicio de haber sacudido el yugo de una odiosa tiranía. Por mí habéis salido del envilecimiento en que vivíais. Por mí figuráis en el catálogo de las naciones. Os he dado un Gobierno fuerte, compacto, centralizado; más aún: os he dado el más valioso de todos los bienes: la unidad. ¿Cuál es la recompensa? El odio, el escarnio, los hierros de una prisión. Sois dueños de mí; haced lo que os plazca. Renuncio a mi corona y a todas mis preeminencias. No sin un profundo regocijo me veo libre de la carga abrumadora que pesaba sobre mí. Por vuestro bien acepté las responsabilidades y peligros del Poder; por vuestro bien, abdico. Las joyas de la corona imperial se han desprendido de ella. ¿Qué vale ya la diadema? Holladla si queréis.

En votación unánime se acordó que el Emperador y el demócrata socialista serían perpetuamente excluídos de las ceremonias del culto, o condenados a trabajar, como galeotes, en la balandra durante el resto de sus días. Quedaban libres para elegir lo que más les conviniera.

A la mañana siguiente, reunida la nación frente al Capitolio, izó de nuevo el pabellón británico y restauró la tiranía británica. Los nobles entraron en la condición de simples ciudadanos. La batata fué objeto de una solicitud ardiente, se honró el ejercicio de las artes útiles y renació la práctica consoladora y saludable de los antiguos ritos. El ex Emperador entregó el texto de la ley sobre la propiedad, y confesó que lo había substraído sin malicia, sólo para utilizar su desaparición como medio de realizar un vasto designio político. En vista de esta confesión, el pueblo restableció en su puesto al Jefe Supremo y le devolvió los bienes confiscados.

Después de una reflexión madura, el ex Emperador y el demócrata socialista optaron por la exclusión perpetua de las ceremonias del culto, pues encontraron esto menos cruel que el trabajo forzado a perpetuidad, con culto divino también a perpetuidad, como ellos decían. Al oír estas palabras, el pueblo creyó que la razón de los dos reos había sucumbido a causa de sus desgracias, y juzgó prudente encerrarlos. Así se hizo.

Tal es la historia de "la adquisición dudosa" de Pitcairn.

XVI

EL VENDEDOR DE ECOS

¡Desdichado caminante! Su actitud humilde, su mirada triste, su ropa, de buena tela y buen corte, pero hecha jirones—último resto de un antiguo esplendor—, conmovieron aquella cuerda, solitaria y perdida, que llevo en lo más oculto de mi corazón, desierto ahora. Vi la cartera que el forastero traía bajo el brazo, y me dije:

—¡Contempla, alma mía! ¡Has caído una vez más en las garras de un viajante de comercio!

¿Cómo librarme de él? ¡Vano intento! ¿Quién se libra de ninguno de ellos? Todos tienen un no sé qué, algo misterioso que interesa.

No me di cuenta de la agresión; recuerdo sólo el momento en que era todo oídos, todo simpatía para escuchar las palabras del hombre de la cartera.

Su narración comenzaba así:

—Era yo muy niño, ¡ay!, cuando quedé huérfano de padre y madre. Mi tío Ituriel era bueno y afectuoso. En él encontré un tierno apoyo. Era el

único pariente con que yo contaba en esta inmensa
soledad de la tierra. Mi tío poseía bienes de fortuna y disponía de ellos generosamente. No sólo me
educó, sino que satisfizo todos mis deseos, o por lo
menos, me proporcionó los goces que pueden com-
prarse con oro.

Terminados mis estudios, partí para hacer un
viaje por el extranjero. Iba acompañado de un secretario y de un ayuda de cámara. Durante cuatro
años, mi alma sensible fué una mariposa que re-
voloteó por los jardines maravillosos de las playas
lejanas. ¿Me perdonará usted el empleo de esta expresión? Soy un hombre que siempre ha hablado el
lenguaje de la poesía. En esta ocasión me siento
más libre para hablar así, porque en los ojos de
usted adivino una chispa del fuego divino. Viajan-
do por los países lejanos, mis labios probaron la
ambrosía encantadora que fecunda el alma, el pensamiento y el corazón. Pero lo que sobre todo me
interesó, lo que solicitó el amor que mi naturaleza
tributa a lo bello, fué la costumbre que tienen los
ricos de coleccionar objetos elegantes y raros. Y así
fué como en una hora funesta sugerí a mi tío Ituriel la idea de que se dedicara al pasatiempo exqui-
sito del coleccionista.

Le escribí una carta en la que mencionaba la colección de conchas formada por un caballero, y otra
de pipas de espuma de mar. Refería mi visita a
un nabab que tenía millares de autógrafos indes-
cifrables, de esos que adora un espíritu natural-

mente dispuesto a las cosas nobles. Y gradualmente mi correspondencia fué de un interés cada
vez mayor, pues no había carta en que no mencio-
nase las chinas únicas, los millones de sellos pos-
tales, los zuecos de campesinos de todos los países,
los botones de hueso, las navajas de afeitar... Tar-
dé poco en darme cuenta de que mis descripciones
habían producido los frutos que yo esperaba de
ellas. Mi tío empezó a buscar un objeto digno de
interesarle como coleccionista. Usted sabe, sin duda,
la rapidez con que se desarrolla un gusto de este
género. El de mi tío no fué gusto; fué furor antes
de que yo tuviese conocimiento exacto de los avan-
ces de aquella pasión dominadora. Supe que mi tío
no se ocupaba ya en su gran establecimiento para
la compra y venta de puercos. Pocos meses después
se retiraba de los negocios, no para descansar, no
para recibir el premio de sus afanes, sino para con-
sagrarse, con una rabia delirante, a la busca de objetos curiosos. He dicho que mi tío era rico; pero
debo agregar que era fabulosamente rico. Puso toda
su fortuna al servicio de la nueva afición que lo
devoraba. Comenzó por coleccionar cencerros. En
su casa, que era inmensa, había cinco salones llenos
de cencerros. Se diría que en aquella colección había ejemplares de todos los cencerros del mundo.
Sólo faltaba uno, modelo antiquísimo, propiedad de
otro coleccionista. Mi tío hizo ofertas enormes por
ese precioso cencerro; pero el rival no quiso desprenderse de su tesoro. Ya sabe usted la consecuen-

ria de esto. Colección incompleta es colección enteramente nula. El verdadero coleccionista la desprecia; su noble corazón se despedaza; pero, así y todo, vende en un día lo que ha reunido en veinte años. ¿Para qué conservar una causa de tortura? Prefiere volver su mente hacia un campo de actividad, virgen aún.

Esa fué la resolución que tomó mi tío cuando vió que era imposible adquirir el cencerro final. Coleccionó ladrillos. Formó un lote colosal, del interés más palpitante. Pero volvió a presentarse la misma dificultad, y volvió a romperse el corazón del grande hombre. Un día vendió su colección al afortunado bolsista que, después de retirarse de los negocios, tuvo la dicha de adquirir el ladrillo único, el que sólo existía en su museo. Mi tío probó entonces las hachas de sílex y otros objetos que remontan a la época del hombre prehistórico; pero casualmente descubrió que la misma fábrica de antigüedades proveía a otros coleccionistas en condiciones idénticas. ¿Qué hacer? Se refugió en las inscripciones aztecas y en las ballenas disecadas. Nuevo fracaso, después de fatigas y gastos increíbles. Cuando su colección parecía perfecta, llegó de Groenlandia una ballena disecada, y a la vez se recibió de la América Central una inscripción que dejaban reducidas a cero todas las adquisiciones anteriores de mi tío. Este hizo esfuerzos inimaginables para quedarse con la ballena y con la inscripción. Logró, en efecto, adquirir la ballena; pero

otro aficionado se adueñó de la inscripción. Sabéis
que un auténtico jeroglífico azteca es de tal valor,
que si alguien llega a adquirirlo, antes sacrificará
su familia que perder tal tesoro. Mi tío vendió las
inscripciones, inútiles por falta de la inscripción definitiva. Su encanto se había desvanecido. En una
sola noche, el cabello de aquel hombre, que era negro como el carbón, se quedó más blanco que la
nieve.

Mi tío reflexionó. Un nuevo desengaño lo mataría. Resolvió entonces tomar como objeto de su experiencia algo que nadie coleccionara. Pesó cuidadosamente el pro y el contra de la decisión que iba
a tomar, y una vez más bajó a la arena para luchar
con denuedo. Se había propuesto hacer una colección de ecos.

—¿De qué?—pregunté.

—De ecos, señor; de ecos. Primero compró un
eco en Georgia. Era un eco de cuatro voces. Después compró uno de seis en Maryland. Hecho esto,
tuvo la fortuna de encontrar uno de trece repeti-
ciones en Maine. En Tennessee le vendieron, muy
barato, uno de catorce, y se lo vendieron barato
porque necesitaba reparaciones, pues una parte de
la roca de reflexión estaba partida y se había caído.
Supuso que, mediante algunos millares de dólares,
podría reconstruir la roca y elevarla para aumentar
su poder de repetición. Desgraciadamente, el ar-
quitecto no había hecho jamás un solo eco, y en
vez de perfeccionar el de mi tío, lo echó a perder

completamente. Antes de que se emprendiera el trabajo, el eco hablaba más que una suegra; después podía confundírsele con una escuela de sordomudos. Mi tío no se desanimó y compró un lote de ecos de dos golpes, diseminados en varios Estados y territorios de la Unión. Octuvo un descuento del 20 por 100, en atención a que compraba todo el lote. La fortuna empezó a sonreírle, pues encontró un eco que era un cañón Krupp. Estaba situado en el Oregón, y le costó una fortuna. Usted sabrá, sin duda, que en el mercado de ecos, la escala de precios es acumulativa, como la escala de quilates en los diamantes. Las expresiones son casi las mismas en uno y otro comercio. El eco de un quilate vale diez dólares más que el terreno en que está situado. Un eco de dos quilates, o voces, vale treinta dólares, más el precio del terreno; un eco de cinco quilates vale novecientos cincuenta dólares; uno de diez, trece mil dólares. El eco que mi tío tenía en el Oregón, bautizado por él con el nombre de "Eco Pitt", porque competía con el célebre orador, era una piedra preciosa de veintidós quilates, y le costó ciento diez y seis mil dólares. El terreno salió libre, porque estaba a cuarenta millas de todo lugar habitado.

Yo entretanto había seguido un sendero de rosas. Era el afortunado pretendiente de la única y bellísima hija de un lord inglés, y estaba locamente enamorado. En la cara presencia de la beldad, mi existencia era un océano de ventura. La familia me recibía bien, pues se sabía que yo sería el único heredero de mi tío, cuya fortuna pasaba de cinco millones de dólares. Por otra parte, todos ignorábamos que mi tío se hubiese hecho coleccionista, o por lo menos, lo creíamos poseído de una afición inofensiva, hija del deseo de buscar las emociones del arte.

Pero sobre mi cabeza inocente se acumulaban las nubes tempestuosas del infortunio. Un eco sublime, conocido después en el mundo con el nombre del Kohinoor o "Montaña de la Repetición Múltiple", acababa de ser descubierto por los exploradores. ¡Era una joya de sesenta y cinco quilates! Parece fácil decirlo. Pronunciaba usted una palabra, y si no había tempestad, oía usted esa palabra durante quince minutos. Pero aguarde usted. A la vez surgió otro hecho. ¡Había un rival! Cierto coleccionista se levantaba frente a mi tío, en actitud amenazadora. Ambos se precipitaron para concluir aquel negocio único. La propiedad se componía de dos colinas, con un valle de poca profundidad que las separaba. Quiso la suerte que los dos compradores llegaran simultáneamente a aquel paraje remoto del Estado de Nueva York. Mi tío ignoraba la existencia y pretensiones de su enemigo. Para mayor desgracia, el eco era de dos propietarios: el Sr. Williamson Bolívar Jarvis poseía la colina oriental, y la otra estaba situada en un terreno del Sr. Harbison J. Bledso. La línea divisoria pasaba por la cañada intermedia. Mi tío compró la colina de Jarvis por tres millones doscientos ochenta y cinco mil dólares; en el mismo instante, el rival compraba la colina de Bledso por una suma algo mayor.

No le será a usted muy difícil hacerse cargo de lo que seguiría. La mejor y más admirable colección de ecos se había truncado para siempre, mutilado como estaba el rey de los ecos del universo. Ninguno de los dos coleccionistas quiso ceder, y ninguno de los dos consideraba de valor la parte de eco que había adquirido. Se profesaron desde entonces un odio cordial; disputaron; hubo amenazas por una y por otra parte. Finalmente, el coleccionista enemigo, con una maldad que sólo es concebible en un coleccionista, y eso cuando quiere dañar a su hermano en aficiones, empezó a demoler la colina que había comprado.

Quería todo el eco para sí; nada dejaría en manos del enemigo. Quitando su colina y llevándosela, el eco de mi tío quedaría sin eco. Mi tío pretendió oponerse. El malvado repuso:

—Soy propietario de la mitad del eco, y me place suprimirla. Usted es dueño de la otra mitad, y puede hacer con ella lo que le convenga.

La oposición de mi tío fué llevada ante un tribunal. La parte contraria apeló ante un tribunal de orden más elevado. De allí pasó el asunto a un tercer tribunal, y así sucesivamente hasta llegar a la Corte Suprema de los Estados Unidos. Esto no dió claridad al negocio. Dos de los magistrados del Tribunal Supremo dictaminaron que un eco es propiedad mueble, por no ser visible ni palpable. Se le puede vender y cambiar; se le puede imponer una contribución, independientemente del fundo en que produce su sonido. Otros dos magistrados opinaron que un eco es inmueble, pues no se le puede separar del terreno a que se halla adherido. Los miembros que no eran de uno u otro parecer, declararon que un eco no constituye propiedad mueble o inmueble, y que no se le puede hacer objeto lícito de un contrato.

La resolución final dejó establecido como verdad legal que el eco es propiedad y las colinas también; que los dos coleccionistas eran propietarios, distintos e independientes, cada uno de la colina que había comprado, pero que el eco es una propiedad indivisible, por lo que el demandado tenía pleno derecho para la demolición de su colina, puesto que le pertenecía en plena propiedad, si bien debía pagar una indemnización calculada sobre la base de tres millones de dólares por los daños que pudieran resultar a la parte de eco perteneciente al demandante. En el mismo fallo se prevenía a mi tío que no podía hacer uso de la colina de la parte contraria para la reflexión de su eco sin el consentimiento del interesado. Si el eco de mi tío no funcionaba, el Tribunal lo sentía mucho, pero no podía remediar la situación, derivada de un estado de derecho. A su vez el otro propietario debía abstenerse de emplear la colina de mi tío con el mismo fin de reflejar sonidos reflejados primero por su propia colina, a menos que se le diese el consentimiento del caso.

Naturalmente, ninguno de los dos quiso dar ese consentimiento en favor del vecino y adversario. El noble y maravilloso eco, soberano de todos los ecos, dejó de resonar con su voz grandiosa. La inestimable propiedad quedó sin uso ni valor.

Faltaba una semana para la boda, y estaba yo más engolfado que nunca nadando en el piélago de mi ventura, cuando llegó la noticia de la muerte de mi tío. Toda la Nobleza de los alrededores y de otras muchas partes del reino se preparaba para asistir a mi unión con la hija del ilustre conde. Pero ¡ay! mi bienhechor había desaparecido. Todavía hoy siento el corazón atribulado recordando aquel momento. A la vez que la noticia de la defunción, llegó el testamento del difunto. Yo era su heredero universal. Tendí el pliego al conde para que lo leyera. Yo no podía hacerlo, pues el llanto nublaba mis ojos. El noble anciano se enteró de aquel documento, y me dijo con tono severo:

—¿A esto llama usted riqueza? Tal vez lo sea en el vanidoso país de donde usted procede. Veo, caballero, que la única herencia de usted es una inmensa colección de ecos, si se puede llamar colección algo que está disperso en todo un continente. Aún hay más: las deudas de usted le llegan hasta arriba de las orejas. Todos los ecos están hipotecados. Yo no soy duro ni egoísta, pero debo velar por el porvenir de mi hija. Si usted fuera

dueño siquiera de un solo eco libre de todo grava-
men, si pudiera usted retirarse con mi hija a vivir
tranquilo en un rincón apartado y ganar el susten-
to cultivando humilde y penosamente ese eco, yo
daría de buena gana mi consentimiento para el
matrimonio; pero usted está en las fronteras de la
mendicidad, y yo sería un criminal si le diera a mi
hija. Parta usted, caballero. Llévese usted sus ecos
hipotecados, y le ruego que no se presente más en
esta casa.

Celestina, la encantadora y noble hija del conde,
lloraba desconsoladamente, y se colgaba de mi cuello con sus amantes brazos. Juraba que se casaría
conmigo, aunque yo no tuviese el eco más insignificante en este mundo. Sus ruegos, sus lágrimas,
su desesperación fueron inútiles. Se nos separó.
Ella languidecía en su hogar, y un año después
dejaba de existir. Yo, triste y solo, arrastrándome
penosamente por el camino de la vida, busco el
reposo que nos reúna en el reino de los bienaven-
turados. Allí la maldad no tiene imperio; allí los
desgraciados encuentran la morada de la paz. Si
quiere usted dirigir una mirada a estos planos que
traigo en la cartera, podrá adquirir un eco en mejores condiciones que cualquiera de los que le
ofrezcan en el mercado. Aquí hay uno que costó
diez dólares hace treinta años. No hay maravilla
igual en Tejas. Se la dejaré a usted por...

—Permítame usted que le interrumpa. Hasta
este momento, querido amigo mío, mi existencia

ha sido un continuo martirio, causado por los
agentes viajeros. He comprado una máquina de
coser que no necesitaba, puesto que soy soltero.
He comprado una carta geográfica que contiene
falsedades hasta en sus datos más insignificantes.
He comprado una campana que no suena. He comprado veneno para las ratas, y éstas lo prefieren a
cualquiera otro alimento, pues las engorda más que
el mejor queso de Flandes. He comprado una infinidad de inventos impracticables. Es imposible
sufrir más de lo que he sufrido. Aun cuando me
regale usted sus ecos, no los quiero. ¿Ve usted ese
fusil? Lo tengo para los viajantes de comercio.
Aproveche usted la oportunidad, y huya antes de
que la cólera me ciegue. No quiero derramar sangre humana.

El sonrió dulcemente, con expresión de profunda tristeza, y entró en consideraciones de orden
filosófico.

—Usted sabe—me dijo—que quien abre su
puerta a un viajante de comercio, debe sufrir las
consecuencias. El mal está hecho.

Discutimos, pues, durante una hora, y al cabo de
ella, yo acabé por transigir. Compré un par de
ecos de dos voces cada uno, en condiciones que no
eran del todo malas. Para mostrarme su gratitud,
el viajante me dió otro eco que, según me dijo, no
tenía salida, pues sólo hablaba alemán. Había sido
políglota, pero quedó reducido a aquel idioma gu-
tural por desperfectos en el órgano de reflexión.

XVII

EL HEROE DE LUCRECIA BORGIA

(NOVELA MILITAR)

Prólogo.

Tengo la honra de contarme entre los más fervientes admiradores de las deliciosas novelas a que ha dado ocasión la última guerra, y que son tan populares en nuestro país (1). Esas encantadoras narraciones brotan como hongos, especialmente desde hace tres meses. Yo no quise quedarme atrás, y consagré mis afanes a este género literario. He aquí el fruto de un esfuerzo perseverante. Mis lectores pueden estar completamente seguros de la verdad que anima cada una de las páginas de esta novela militar. Para lograr la más perfecta exactitud histórica, he acudido con toda solicitud a los preciosos documentos que se custodian en el Departamento

1) El autor se refiere a la Guerra Separatista de los Estados Unidos (1861-1865)

de Guerra, en Wáshington. Confesaré, y no tengo inconveniente en hacerlo paladinamente, que más de una vez he extractado copiosamente la obra de Jomini *El Arte de la Guerra,* que es clásica en la materia, y confesaré también que me he servido de la compilación de los *Mensajes Presidenciales* y de sus *Documentos Anexos,* que son una mina para los eruditos. Una novela como esta no podría escribirse sin contar con tantos y tan preciosos elementos de información, pues no quiero aventurarme haciendo afirmaciones infundadas.

Debo dar las gracias a la Compañía de Telégrafos Transcontinentales, por haber puesto sus líneas a mi disposición para el mejor éxito de esta importante empresa literaria, y, sobre todo, por el desinterés de esa Compañía, pues sólo me cobró los precios de tarifa ordinaria en la transmisión de los mensajes que fué necesario expedir para llevar a término la ardua labor que yo había acometido.

Finalmente, es para mí muy satisfactorio expresar mi reconocimiento a todos aquellos amigos míos que ya con sus consejos, ya con actos positivos, han contribuído durante tres meses a facilitar la ejecución de mis propósitos, sin desmayar hasta ver terminado EL HÉROE DE LUCRECIA BORGIA.

Los nombres de esos amigos míos son muy numerosos y no puedo mencionarlos aquí; pero aprovecho la oportunidad para darles las gracias por este medio.

NARRACIONES HUMORISTICAS

Capítulo primero.

Era una mañana balsámica de la primavera de 1861. El poético pueblecillo de Bostezón, en Massachusetts, se engalanaba con el esplendor de un sol que acababa de surgir en el oriente. Reginaldo de Whittaker, dependiente de confianza de la casa Bushrod y Ferguson, salía de su lecho. Reginaldo era el dependiente de confianza de la negociación. Agregaremos que era el dependiente único. La casa en que servía era un establecimiento mixto que negociaba en víveres, ropa y otros artículos. Además, tenía a su cargo el reparto de la correspondencia, por no haber oficina de Correos en Bostezón. El lecho de Reginaldo estaba debajo del mostrador.

Nuestro héroe se desperezó, bostezó varias veces, tomó un barreño y empezó a regar el pavimento de la tienda. Después la barrió escrupolosamente. Antes de terminar aquella tarea preliminar de su jornada, se dejó caer sobre un barrilete de clavos, y al parecer, meditaba o soñaba.

—Ha despuntado el alba del último día que pasaré en este barracón—dijo para sí el joven dependiente—. ¡Cuál va a ser la sorpresa de mi amada cuando le diga que he sentado plaza de soldado! ¡Oh, encanto mío, estarás orgullosa de tu Reginaldo!

Su imaginación anticipaba toda suerte de acontecimientos bélicos. Ya era el héroe de mil aventuras extraordinarias; ya el hombre cuya fama comenzaba a asomar en el horizonte de la gloria; ya, por último, el favorito de la Fortuna. Volvía a su casa, a su pueblo, tostado por el sol, cubierto de lauros, vistiendo el uniforme de Brigadier, para depositar toda su grandeza a los pies de la incomparable, de la divina Lucrecia Borgia Smith.

Un estremecimiento de orgullo y de júbilo sacudió todo su sistema nervioso; pero en aquel momento de exaltación, bajó los ojos, vió la escoba que empuñaba, y sus mejillas se cubrieron de rubor. Dando vuelcos, cayó de las nubes que su fantasía había estado formando, y la realidad le dijo con voz despiadada que no era sino un humilde dependiente, con un sueldo de dos dólares y medio por semana.

Capítulo segundo.

Esa noche, a las ocho, Reginaldo estaba en el recibimiento del Sr. Smith, aguardando la presencia de Lucrecia Borgia. El corazón de Reginaldo palpitaba de orgullo, pues anticipaba el efecto que la noticia de su resolución produciría en el pecho de la mujer amada. Ella entró en el salón. Reginaldo se levantó cortésmente, y salió al encuentro de Lucrecia Borgia. La antorcha del amor iluminaba los ojos del apasionado joven, pues la llevaba interiormente, en algún repliegue de su volcánico cerebro. Reginaldo murmuró:

—¡Alma mía!

Y abrió los brazos para recibir en ellos a su prometida.

—¡Caballero!—exclamó Lucrecia Borgia.

Y sin decir una palabra más, sin una mirada, sin un gesto, rígida como el mármol, y altiva como una reina ultrajada, se irguió en medio de aquella estancia, impidiendo con esa actitud las tiernas efusiones del amante.

Reginaldo permanecía mudo de asombro. ¿Qué significaban esa altivez, esa mirada de indignación, esa distancia que Lucrecia Borgia ponía entre ambos? ¿En dónde estaban la ternura, el alegre y cordial recibimiento con que ella salía siempre al encuentro de Reginaldo? Así como la nube que vela repentinamente la faz del sol, arrebata al paisaje sus encantos esplendorosos, Reginaldo sintió que la cólera de Lucrecia Borgia llevaba las sombras a su lacerado pecho. El infortunado joven pasaba por uno de esos momentos de desesperación infinita que nos recuerda la del viajero cuando cae de un barco a media noche, y se encuentra perdido en la extensión salobre, con la horrible certidumbre de que no se ha notado su desaparición en el raudo bajel, cuyo contorno va esfumándose entre la sombra. Quiso pronunciar algunas palabras, pero sus labios pálidos se negaron a obedecerle y a cumplir con su deber. Al cabo, pudo murmurar:

—¡Oh, Lucrecia! ¿Cuál es mi crimen? ¿Qué pasa? No comprendo la causa de esta cruel esquivez. ¿Ya no amas a tu Reginaldo?

Los labios de la joven se contrajeron en una ex-

presión sarcástica, y contestó dando a sus palabras
el acento de la mofa:

—¿Se me pregunta si ya no amo a mi Reginaldo?
No; ya no lo amo. Ya no puedo amarlo. No amo a
quien prefiere estar en el tugurio del sórdido interés, con la mezquina vara de medir en la mano. No
amo a quien se pone algodón en los oídos para no
oír la voz de la Patria que llama a sus valientes y los
invita a empuñar las armas. ¡Fuera!

Y sin advertir el relámpago que reventaba en los
ojos del joven comerciante, salió de aquella estancia, y cerró tras sí la puerta, con el estrépito de la
indignación.

¡Por qué no aguardó un momento más! Un momento más habría bastado para que Reginaldo le
comunicara que ya había dado oídos a la orden im-
periosa de la Patria, y que ya había firmado su enganche en la oficina de reclutamiento. ¡Instante fatal! Sin la precipitación con que se desenvolvieron
los sucesos, aquella novia, perdida acaso para siempre, habría caído en sus brazos, con palabras de encomio para el heroico Reginaldo, y de patriótica gratitud por su iniciativa generosa. Reginaldo dió un
paso para llamar a Lucrecia Borgia; pero en aquel
momento decisivo pudo más el sentimiento de su
propio decoro. Recordó que ya no era un afeminado
estudiante en el plantel de Mercurio. Su alma guerrera se negó a pedir cuartel. Salió con paso mar-
cial, y no volvió la cara para saber si Lucrecia Borgia lo seguía con mirada anhelante.

Capítulo tercero.

A la siguiente mañana, cuando Lucrecia Borgia despertó en su lecho, una lejana música de pífanos y tambores llegó a sus oídos, llevada por las suaves alas de la brisa primaveral. Aguzó el oído y pudo advertir que la música se hacía cada vez más confusa, hasta que se perdieron sus últimas notas en la lejanía. Lucrecia Borgia decía para sí:

—¡Qué ventura la mía si Reginaldo se encontrara entre los reclutas! ¡Cuán inmenso sería mi amor!

En el transcurso del día, Lucrecia Borgia recibió la visita de una señora. Esta habló de todos los tópicos locales, y por último dijo:

—Reginaldo de Whittaker parecía estar abatido, y no contestó a los vivas con que fueron aclamados él y sus compañeros. Creo que usted, señorita Lucrecia, sólo el pensamiento de la ausencia de usted, es la causa de la tristeza del joven Reginaldo. Anoche lo vi cuando venía a dar la noticia de su enganche, y me dijo que usted se enorgullecería de saberlo... ¡Dios Santo! ¿Qué le pasa a esta niña?

Nada. Había caído sobre su corazón la onda fría del desaliento. La palidez mortal de su rostro era el telegrama revelador del interno cataclismo. Se levantó sin decir una sola palabra, y salió del recibimiento. Cuando llegó a la sagrada e inviolable reclusión de su alcoba, un torrente de lágrimas brotó de los ojos de la infeliz y apasionada Lucrecia. Di-

rigíase amargos reproches por la insensata precipitación con que había procedido la víspera y por las
palabras crueles con que recibió al abnegado Reginaldo cuando éste le llevaba una noticia que era el
anhelo de su altivo corazón. ¡ Pensar que ya estaba
alistado bajo los pliegues de la bandera bélica, y que
iba a luchar como paladín de la mujer amada, cuando ésta, perdida o anublada la razón, lanzaba palabras
de sarcasmo contra el heroico joven! ¡ Ay ! Otras
tendrían soldados fieles en los gloriosos campos de
batalla, y podrían externar su tierna solicitud por
aquellos valientes, mientras ella, a causa de su orgullo, no hallaría un representante en las lides
guerreras! Volvió a llorar, o más bien, reanudó el
llanto en el punto donde lo había dejado anteriormente. Casi llegó a pronunciar enérgicas interjec-
ciones, propias de la desesperación. No las pronunció, sin embargo, y la voluntad selló sus púdicos labios.

Durante mucho tiempo, Lucrecia Borgia alimentó
en secreto su honda pena. Las rosas de sus mejillas
palidecían. Una esperanza le quedaba: el amor,
aquel amor tan vehemente y tan puro, renacería en
el corazón de Reginaldo. El correo le llevaría una
carta del amado. Pasaron, sin embargo, los largos y
tediosos días del verano. La carta de Reginaldo no
llegaba. En todos los periódicos no se hablaba sino
de las proezas de la guerra. Las columnas de información contenían copiosos datos de todas las batallas y de todos los encuentros. Lucrecia Borgia leía

con avidez las crónicas y revistas de los corresponsales, los telegramas del Estado Mayor, los datos del Departamento de Guerra, los remitidos, todo, en suma, lo que podía llevarle un rayo de luz. Pero nada: la luz no llegaba. El nombre de Reginaldo no aparecía en aquella catarata de noticias. Las lágrimas de la amante Lucrecia Borgia Smith caían sobre las apretadas líneas del periódico. En su corazón había siempre un puñal que ahondaba la herida. Sus primas y sus amigas recibían cartas de los novios. En esas cartas se hablaba de Reginaldo. Todas lo pintaban triste, sombrío, desesperado, dispuesto a morir en lo más recio de la batalla, ennegrecido por la pólvora, avanzando entre torrentes de fuego, lluvias de balas y tempestades de metralla; avanzando, avanzando, como si un hado invisible protegiera su existencia.

Un día, por fin, entre los nombres de una larguísima lista de muertos y heridos, Lucrecia Borgia Smith halló esta mención:

R. D. Whittaker, soldado raso, herido de gravedad.

La joven cayó pesadamente sobre el pavimento.

Capítulo cuarto.

Estamos en Washington. Nos encontramos frente a un lecho del hospital militar. En ese lecho yace un soldado. Una espantosa herida en la parte infe-

rior de la cara, hace indispensable el más voluminoso de los vendajes. Apenas si se le ve tal o cual
espacio de aquel rostro, allí donde las balas enemigas no han dejado su huella fatal. ¿Quién está a
su cabecera? ¿Quién puede ser sino Lucrecia, Lucrecia Borgia, Lucrecia Borgia Smith, para decirlo
de una vez? Nuestros lectores lo habrán adivinado.
Muchos días antes, la infeliz Lucrecia, pálida y
acongojada, encontró en su abnegación fuerzas bastantes para buscar e identificar al soldado herido
que mencionaba la voz imparcial de la prensa. Todas las mañanas, Lucrecia Borgia se presenta en
el hospital, y todas las noches salía de allí. Durante
el día prestaba una asistencia asidua al héroe. El
cirujano lo vendaba por la mañana, y Lucrecia recibía al herido de manos del cirujano. La enfermera y el herido no cambiaban una sola palabra.
No podían cambiar palabras, puesto que toda la
quijada del infeliz había sido destrozada por las
balas del enemigo. Esto impedía que la asistencia
abnegada de Lucrecia arrancase una expresión
afectuosa de aquellos labios amados y vendados.
Con todo, Lucrecia Borgia permanecía en su puesto valerosamente, sin pronunciar una sola queja, sin
murmurar una protesta. El día en que Reginaldo
fuese dado de alta, sonaría la hora de la recompensa,
de la ternura y del idillo, premio de tanta abnegación.

En el momento que hemos escogido para abrir
este capítulo, Lucrecia siente un tumulto de júbilo

en su corazón. El cirujano ha dicho que su Reginaldo, que su Whittaker podrá verse libre de las vendas superiores. Ella aguarda con ansia febril el instante dichoso de la visita del doctor, para que éste proceda a descubrir el rostro idolatrado. El cirujano llega, y Lucrecia, con ojos radiantes y corazón agitado, se inclina sobre el lecho para presenciar la maniobra quirúrgica. Cae una venda, cae otra, cae una tercera venda. Cae la última venda. El rostro adorado recibe la luz del día.

—Amor mío, mi Reg...

¡Qué cuadro! Los ojos de la dulce Lucrecia Borgia se nublan. No; no es posible. ¿Qué ves, pobre Lucrecia?

¡Infeliz Lucrecia! Se cubre los ojos con una mano, y con la otra procura sostenerse en una silla. Su cuerpo vacila. Su garganta emite un sonido sordo, expresión de honda, inenarrable angustia...

Pronto sucede a la desesperación un acceso de cólera, una cólera fría e irrefrenable. Las manos trémulas de la hija del señor Smith sacuden la mesa de noche, y hacen bailar los frascos de las drogas. Lucrecia exclama, fuera de sí:

—¡Tres semanas! ¡Tres mortales semanas, limpiando y cuidando a este sucio soldado! ¡Y no es el mío!

¡Triste y horrenda verdad! El inocente impostor, el desdichado herido del hospital era R. D., o sea Ricardo Dilworthy Whittaker, de Wisconsin, el soldado de Eugenia Le Mulligan, que vivía en

aquel distante Estado. ¿Qué tenía de común con
el soldado de Lucrecia Borgia, sino las iniciales y
el apellido?

Tal es la vida. ¿Quién escapa a sus caprichosas
burlas? Bajemos el telón. Bajémoslo. Dios sabe si
volveremos a levantarlo, pues el verdadero Reginaldo de Whittaker no aparece ni hay quien dé
razón de él.

XVIII

EL ROBO DEL ELEFANTE BLANCO

PRIMERA PARTE

—Usted sabe cómo se honra al Elefante Blanco en el reino de Siam...

Así comenzó su narración el caballero con quien trabé relaciones accidentales en un coche de ferrocarril. Era un hombre de más de sesenta años. Me interesaba su fisonomía, en la que estaban impresos los rasgos de la bondad y de la probidad. No era posible poner en duda el contenido de su relación. Hela aquí textualmente:

—Usted sabe cómo se honra al Elefante Blanco en Siam. Es un animal consagrado a los reyes, y sólo éstos pueden poseerlo. En cierto modo, está sobre los mismos reyes, puesto que no sólo se le honra, sino que se le hace objeto de un culto. Pues bien, durante los últimos conflictos que hubo entre la Gran Bretaña y el Gobierno de Siam, por aquella cuestión de límites que usted recordará—

hará de esto cinco años a lo sumo—, quedó demostrado hasta la evidencia que la razón estaba de parte de los ingleses. Cuando los siameses concedieron las reparaciones que exigía la parte reclamante, el ministro inglés se dió por satisfecho, y estaba en la mejor disposición para tener por no ocurrido el incidente. El rey de Siam quedó encantado, y ya para mostrar su gratitud, ya para borrar las últimas huellas del descontento que había creado la cuestión, quiso enviar un regalo a la reina, pues según las ideas orientales, ese es el mejor medio de borrar las huellas de un enojo entre amigos. Se trataba de un regalo regio; más aún: transcendentalmente regio. Ahora bien, el mejor de los obsequios, el obsequio ideal, no podía ser sino un Elefante Blanco. El puesto que yo ocupaba en la administración de la India, me señalaba como la persona más propia para llevar el regalo y ponerlo a la vista, ya que no en las manos de Su Majestad. El Gobierno de Siam fletó un barco especial para mí y mi comitiva, para el Elefante Blanco y los oficiales y servidores de la Bestia Sagrada. Llegamos a Nueva York sin contratiempo, y tomé alojamiento, instalándome con mi regia comitiva en la vecina ciudad de Jersey. Era necesario permanecer allí durante largo tiempo, pues el Sacro Animal tenía que recuperar sus fuerzas antes de que pudiera continuar el viaje.

Los primeros quince días de nuestra permanencia en la ciudad de Jersey, transcurrieron sin traer una sola nube que empañase el cielo de la Comisión siamesa. Pero una noche fuí despertado de mi tranquilo, dueño para saber—¡horror de los horrores!—que el Elefante Blanco había desaparecido. El golpe me dejó abrumado. Mi ansiedad era infinita. ¡No había esperanza! Haciendo fuerzas de flaqueza, procuré calmarme y tomar las determinaciones que correspondían, según las indicaciones de mi buen juicio. Era ya muy tarde, pero podría acudir violentamente a Nueva York, y dirigirme a un agente de la policía, para que éste a su vez me pusiese inmediatamente en contacto con una oficina de agentes secretos.

Por fortuna llegué a tiempo. El famoso inspector general Blunt (1) tomaba su sombrero para marcharse a casa. Era un hombre de estatura mediana y ancho torso. Cuando se le veía sumergido en el mar profundo de sus reflexiones, la manera de fruncir el entrecejo y de darse palmadas en la pensadora frente, inspiraba la convicción de que una idea genial brotaba en su cerebro. Verle, sentir confianza en él y alimentar esperanzas, fué todo uno.

Le expuse el objeto de mi visita. Mi declaración no hizo el menor efecto en aquella sangre fría de hierro. Al oirme, su aspecto era el mismo que si le hubiera comunicado el robo de un perro. Me ofreció una silla, y dijo con su calma habitual:

—Ruego a usted que me permita reflexionar un momento.

(1) Obtuso, romo.

Tomó asiento frente a su escritorio, apoyó en él los codos, y la cabeza en la palma de la mano. El ruido de las plumas de dos o tres empleados que escribían en el otro extremo de la amplia oficina, era el único ruido que se oía en ella. Pasaron seis o siete minutos. El Inspector general estaba sumido en hondas meditaciones. Levantó por fin la cabeza. La línea firme de su rostro indicaba el fin de un fructuoso trabajo interior. El plan se había formado en el cerebro del Inspector. Entonces, con voz muy baja, y más impresionante por lo mismo, habló de esta manera:

—El caso no es de ocurrencia diaria. Todos los pasos que demos serán guiados por la prudencia. No levantaremos el pie sin asegurarnos de que vamos a ponerlo sobre terreno sólido. Guardemos el secreto, un secreto profundo y absoluto. No comunique usted el hecho a alma viviente. Deben ignorarlo hasta los periodistas. Yo me encargo de ellos, y no les diré sino lo que convenga para los fines de nuestra campaña de investigación.

El inspector puso el dedo sobre un timbre eléctrico. Un ordenanza se presentó.

—Alarico, diga usted a los periodistas que aguarden.

El ordenanza se retiró.

—Ahora, a trabajar. Hagámoslo metódicamente. Nuestra profesión exige un método estricto y minucioso.

Tomó papel y pluma.

—¿Nombre del elefante?

— Hassan-ben-Ali-ben-Selim-Abdalah-Mohamed-Jamset-Sultán-Ebu-Budpur.

—Está bien. ¿Apodos?

—*El Embrollón.*

—Bien. ¿Lugar de nacimiento?

—Bangkok.

—¿Viven los padres?

—No; han muerto.

—¿Hermanos?

—Fué hijo único.

—Perfectamente bien. Basta por lo que a esto se refiere. Ahora describa usted el Elefante, si tiene la bondad, y no omita detalles, aunque le parezcan insignificantes. Para nuestra profesión, ningún detalle es insignificante. No se ha conocido aún el detalle que no sea decisivo.

Yo describía. El escribía. Cuando terminé, dijo Blunt:

—Escuche usted atentamente, y sírvase corregir los errores en que yo haya podido incurrir.

Y leyó lo que sigue:

"Altura: Diez y nueve pies.

"Longitud, desde la coronilla de la cabeza hasta la inserción de la cola: Veintiséis pies.

"Trompa: Diez y seis pies.

"Cola: Seis pies.

"Longitud total, comprendiendo la cola y la trompa: Cuarenta y ocho pies.

"Colmillos: Nueve pies y medio.

"Orejas: En relación con los colmillos, la trompa y la cola.

"Huella del pie: Semejante a la que deja un barril en la nieve.

"Color: Blanco.

"Señas particulares: Abertura del tamaño de un plato en cada oreja, para los aretes que se le cuelgan.

"Hábitos: Echar agua con la trompa a todo el que se le pone delante, aunque sean personas a quienes ve por la primera vez.

"Defectos: Cojea ligeramente de una de las patas traseras. Es la derecha.

"Otra seña particular: Cicatriz de antiguo divieso en la paleta izquierda.

"Circunstancias: En el momento del rabo llevaba una torre de marfil con asientos para quince personas, y una gualdrapa de oro del tamaño de un tapiz ordinario."

Nada tuve que corregir. Todo constaba con exactitud. El Inspector tocó el timbre, dió a Alarico el papel con las indicaciones, y ordenó lo que sigue:

—Diga usted que se imprima esto. Que hagan una tirada de cincuenta mil ejemplares. Hay que enviarlos a todas las casas de préstamos de los Estados Unidos, del Canadá y de Méjico.

Alarico se retiró para ejecutar las órdenes del jefe. El inspector dijo:

—Naturalmente, habrá que ofrecer una recompensa. ¿Qué suma fijamos?

—Usted dirá.

—Creo que para comenzar, podremos partir de la suma de veinticinco mil dólares. El negocio presenta muchas dificultades. Hay mil puertas de escape para los ladrones, y sobre todo, grandísimas facilidades para la ocultación. Los ladrones tienen amigos y receptadores en todas partes.

—¡Estamos salvados! Usted los conoce.

La fisonomía prudente y cauta del Inspector no dejó adivinar el fondo de sus pensamientos, ocultos siempre bajo un velo impenetrable. Yo escuché con interés lo siguiente, que acentuaba una expresión plácida:

—Deje usted eso. Los conozco o no los conozco. Generalmente brota en nuestro cerebro la chispa de la idea, y adivinamos al autor por el modo de cometer el delito, así como por la importancia del lucro. Desde luego, esté usted seguro de que el ladrón no es un ratero, ni uno de esos infelices que andan por los mercados. Este objeto no fué robado por un aprendiz. Pero como decía, tomando en consideración el viaje que será necesario hacer y la diligencia con que los ladrones habrán procedido para ocultar las huellas, y la que emplearán para borrar las que ulteriormente pudieran dejar, la suma de veinticinco mil dólares me parece muy moderada. Sin embargo, tengámosla como elemento inicial.

Fijamos, pues, la cifra que nos iba a servir de punto de partida. El inspector no olvidaba cuanto pudiese darnos una indicación preciosa.

—Hay casos en los anales de la policía—dijo—,

que demuestran la posibilidad de encontrar a los delincuentes por su manera de comer. Aquí no se trata del autor, sino del objeto de este delito. ¿Qué comía el Elefante? Y si puede, dígame usted, ¿qué cantidad consumía normalmente del artículo con que se alimentaba?

—Un elefante come todo cuanto se puede comer. Eso depende muchas veces de las circunstancias. Puede comerse a un hombre, o puede contentarse con devorar una biblia. Ponga usted, hombres y biblias.

—Magnífico. Sin embargo, el dato me parece muy general. Quiero algunos detalles. No olvide usted: el detalle es el hilo de Ariadna en nuestra profesión. El Elefante Blanco devora hombres ¿Cuántos, más o menos, por comida? Y además, necesito saber si los come del día o conservados.

—Le da lo mismo. En este punto, el animal no es exigente. Ponga usted cinco hombres por comida. Cinco hombres de clase común y corriente.

—Muy bien. Cinco hombres por comida. ¿Y de qué nacionalidad o raza los prefiere?

—No tiene preferencias marcadas. Acaso las personas conocidas; pero no se le ha notado prejuicio contra los extraños, y también se los come.

—Muy bien. Vamos a lo de las biblias. ¿Cuántas biblias puede consumir en una comida?

—Puede agotar una edición.

—El dato no es suficientemente explícito. ¿Habla

usted de ediciones ordinarias en 8.º, o de ediciones ilustradas para familia?

—Generalmente no le preocupan las ilustraciones. O, en otros términos, le es indiferente que las biblias estén ilustradas o que sean todo texto.

—Probablemente no me he explicado bien. Me refiero al volumen. La edición ordinaria en 8.º pesa dos libras y media, mientras que la edición ilustrada en 4.º pesa de diez a doce libras. Precisemos más aún. ¿Cuántas biblias de Gustavo Doré se comería el Elefante en un almuerzo?

—Si usted conociera al Sacro Animal omitiría esa pregunta. No hay biblias que sacien su apetito.

—Calcule usted en dólares y centavos. Hay que precisar. Precisar, tal es nuestro lema. Un ejemplar de Gustavo Doré cuesta cien dólares, con encuadernación de piel de Rusia.

—Comprendo. El Elefante necesitaría más o menos cincuenta mil dólares. Calcule usted una edición de quinientos ejemplares.

—Ya eso es más exacto. Escribo: "Afición especial a las biblias." ¿Qué otra cosa? Detalles, detalles. Precisión.

—Entre biblias y ladrillos, preferirá los ladrillos; entre ladrillos y botellas, preferirá las botellas. Dejará las botellas por el trapo, y dejará la seda si le presentan varios gatos. Dejará los gatos si hay ostras. Dejará las ostras si hay jamón. Cuando haya comido jamón, comerá azúcar. Tal vez deje el azúcar para comer pasteles. Dejará los pasteles si hay patatas. Dejará las patatas si hay centeno. Dejará el centeno si hay heno. Dejará el heno si hay avena. Dejará la avena si hay arroz. Este es su flaco y su fuerte. El arroz ha constituído la base de su alimentación. Lo único que no come es mantequilla de Europa; pero creo que aun esto comería, si no fuera falsificada.

—Muy bien. Peso del conjunto de materias que ingiere por comida.

—Digamos... Bueno. De un cuarto de tonelada a media tonelada.

—¿Y qué bebe?

—En general, todo lo líquido. Ponga usted leche, agua, whisky, melaza, aceite de ricino, aguarrás, ácido fénico, petróleo... Ponga usted todos los líquidos de que haga memoria. Exceptúe usted café de Europa.

—Exceptúo. ¿Cantidad?

—De cinco a quince barricas. Depende de la estación. La sed es variable. El apetito es invariable.

—Estos rasgos no son muy comunes en la humanidad, pues generalmente la cantidad fija de lo que se bebe determina la cantidad variable de lo que se come. La originalidad servirá para guiarnos en nuestras pesquisas.

Tocó el timbre.

—Alarico, llame usted al capitán Burns.

Llegó Burns. El inspector Blunt le explicó minuciosamente el negocio. Después, con la concisión

del que tiene un plan fijo, y con la energía del que
está habituado al mando, habló así:

—Capitán Burns, encargará usted a los agentes
Jones, Davis, Halsey, Bates y Haket que sigan las
huellas del Elefante.

—Así se hará.

—Van a ser la sombra del cuerpo de ese elefante.

—Así será.

—Capitán Burns, encargará usted a los agentes
Moses, Dakin, Murphy, Rogers, Tupper, Higgins y
Barthelemy que sigan y persigan a los ladrones.

—Así se hará.

—Capitán Burns, esos agentes deberán seguir a
los ladrones como la sombra sigue al cuerpo.

—Así será.

—Mandará usted que se sitúe una guardia de treinta hombres muy escogidos en el lugar donde fué robado el Elefante. Otros treinta hombres, también de
los más escogidos, estarán de imaginaria para rele-
var y auxiliar a los de guardia. La vigilancia se
mantendrá noche y día. Dará usted las instrucciones
más severas para que nadie se acerque al lugar del
delito sin orden escrita de autoridad competente. No
habrá otra excepción que la de los noticieros de la
prensa diaria.

—Se hará.

—Pondrá usted agentes secretos en las estaciones,
a bordo de los vapores del puerto y en las lanchas
de río. Deberán vigilar también todas las carreteras

y avenidas de Jersey City. Registrarán los bolsillos
de toda persona sospechosa.

—Se hará.

—Todos los agentes llevarán el pliego de señas
del Elefante y una fotografía del animal. Serán so-
metidos a minucioso registro los barcos, lanchas,
trenes, coches, carros y carretas que salgan de la
ciudad.

—Se hará.

—Encontrado el Elefante, se le detendrá y se me
telegrafiará la noticia inmediatamente.

—Se hará.

—Seré informado al instante si hay huellas del
animal o si se encuentra algún elemento indicador
de su ruta.

—Se hará.

—Advertirá usted a la policía para que establezca
patrullas de vigilancia frente a las casas sospechosas.

—Se hará.

—Mandará usted una fuerza de agentes secretos
por las distintas líneas férreas. Los del Norte irán
por las distintas líneas férreas. Los del norte irán
hasta el Canadá; los del oeste, hasta Pittsburgh;
los del sur, hasta Washington.

—Se hará.

—Instalará usted un número competente de agentes de toda confianza en las oficinas telegráficas para
que lean los mensajes y para que oigan su transmisión. Pedirán aclaración de todos los telegramas en
cifra.

—Se hará.

—Recomendará usted el más profundo e impenetrable secreto.

—El secreto será inviolable.

—A la hora de costumbre rendirá usted un parte pormenorizado.

—Vendré a rendirlo.

—Retírese usted.

—Por orden de usted.

Burns salió del despacho. Blunt permaneció en actitud meditativa. Guardó un largo silencio. El fuego de su mirada se extinguió. Volvió hacia mí el rostro, y me dijo con voz tranquila:

—No soy jactancioso. Pero oiga usted esto: podría asegurar que encontraremos el Elefante.

Yo le estreché ambas manos efusivamente. Mi maniefstación era sincera. Pocos minutos antes no conocía a ese hombre, pero cuanto había visto en él me inspiraba admiración y afecto. Pude verle, por decirlo así, en el fondo de los sorprendentes misterios de su profesión. Era ya tarde. Nos separamos. Yo volví a mi alojamiento, y no llevaba el corazón preñado por las zozobras que lo agitaban cuando entré en el despacho del inspector Blunt.

SEGUNDA PARTE

Todos los periódicos de la mañana contenían una información pormenorizada del robo. Además de los hechos conocidos, había suplementos con opi-

niones de las autoridades en la materia, sobre la
forma en que pudo haberse ejecutado el delito, sobre los presuntos autores y sobre el camino que
habrían seguido en su fuga. Había en total once
hipótesis que cubrían todo el campo de las posibilidades. El hecho demuestra la variedad con que se
produce el espíritu independiente y fértil del Detectivismo. Hubiera sido imposible buscar no ya
coincidencia, pero ni aun conciliación posible entre
las once conjeturas. Rectificaré. En un punto estaban de acuerdo los once autores de las once geniales hipótesis. La barda posterior de mi casa había
sido demolida durante la noche del robo. Pues
bien, los once especialistas declaraban, sin ponerse
de acuerdo para ello, que el Elefante no había salido por allí, sino por alguna otra vía desconocida.
Esto daba margen para una cuestión interesantísima y apasionante. ¿Qué objeto tenía la brecha de la
barda? Despistar a la policía. Tal era la unánime
opinión de la Facultad. Yo no habría pensado eso.
No lo habría pensado ninguno otro profano. Pero
el espíritu profundo del Detectivismo no se dejó
sorprender ni en el primer momento.

La única cosa que me parecía clara en ese obscuro
negocio, era precisamente aquella en que mi error
era más grosero.

Las once hipótesis mencionaban nombres de presuntos culpables, pero no eran los mismos. Sumando,
las sospechas recaían sobre treinta y siete individuos.

Después de dar todas las opiniones, los periódicos cerraban su información con la del inspector Blunt, luminaria del gremio. He aquí un resumen de las palabras del Inspector:

"El inspector Blunt conoce a los dos principales culpables. Uno de ellos se llama Duffy, *el Ladrillo,* y otro MacFadden, *el Rojo.* Diez días antes del robo, el Inspector sabía con toda precisión el golpe audaz que se preparaba, y sin decir palabra tomó las medidas convenientes para tener vigilados a esos dos conocidos pícaros. Desgraciadamente, casi ya en el instante de la consumación del hecho, la Policía perdió la huella de los dos malhechores, y antes de que se les encontrase, el pájaro, o sea el Elefante, había volado.

"MacFadden y Duffy—continuaba la prensa— son los dos pillos más peligrosos del mundo criminal. El Inspector tiene razones muy fundadas para creer que esos individuos son los mismos que en una noche glacial del último invierno le robaron la estufa de la Inspección General de Policía, robo que tuvo por consecuencia que a la mañana siguiente fuesen internados en los hospitales u obligados a guardar cama en sus habitaciones el Inspector y varios agentes, pues se les habían empezado a gangrenar los dedos de las manos y de los pies, las orejas y las narices, por falta de circulación, a causa del frío intenso que reinó en la oficina desde el momento de la desaparición misteriosa de la estufa."

La lectura de la primera parte de esta nota informativa, llevó al colmo la admiración que yo sentía desde la víspera por la sagacidad maravillosa del inspector Blunt. Era un hombre que no sólo veía con perspicacia los detalles presentes, sino que penetraba en las sombras de lo que estaba por venir. Me dirigí a su oficina y le expresé la pena con que supe su sorprendente previsión, pues me extrañaba que no hubiese comenzado por detener a los criminales antes de que pudiesen llevar a término su propósito. La respuesta del Inspector no tenía réplica, a pesar de la sencillez de que estaba revestida.

—Nosotros no podemos prevenir los hechos delictuosos. Nuestra misión empieza cuando se han consumado. Es una misión punitiva. ¿Cómo vamos a castigar lo que no se ha hecho aún?

Le dije que el secreto de nuestras primeras investigaciones había sido divulgado por la prensa. No sólo nuestros actos, sino aun los planes mismos, eran ya del dominio público. Este conocía hasta los nombres de los presuntos ladrones. Nada sería para éstos más fácil que disfrazarse u ocultarse.

—Tranquilícese usted. La experiencia les dirá que al llegar el momento oportuno, mi mano caerá sobre ellos, dondequiera que se oculten, y con tanta seguridad como la mano m. na del destino. Los periódicos son indispensables para nuestra labor. El agente de policía y de investigación no puede dar un paso sin comprometer su nombre y su reputación. La atención del público le sigue. Si se oculta, será acusado de inacción. Debe anunciar previamente sus pasos. Debe formular hipótesis. Nada hay tan curioso y tan desconcertante como las hipótesis del Detectivismo. Nada nos atrae con más seguridad el respeto y la admiración social. Publicamos nuestros planes porque así nos lo exige la prensa, y a la prensa se lo exige el público. Desgraciados de nosotros si guardamos silencio y si nos recatamos. Lo menos que se dirá es que nos entregamos a la pereza. No somos dueños de impacientarnos cuando la impertinencia del público toca ciertos límites insoportables. Debemos sonreír y debemos hablar, a fin de que los lectores del diario digan al abrirlo por la mañana: "He aquí la ingeniosa hipótesis del inspector Blunt."

—Me hago cargo de la fuerza del razonamiento; pero veo que hay un punto en que usted se negó rotundamente a emitir opinión. Se trata, por otra parte, de un punto circunstancial.

—Siempre hacemos lo mismo. Esto produce buen efecto. Además, bien pudiera ser que yo no hubiera formado mi opinión en lo relativo a ese punto.

Puse una suma elevada en manos del Inspector, para que acudiera a los gastos más apremiantes. Hecho esto, me senté a esperar, pues de un momento a otro podían llegar noticias telegráficas. Volví a leer los periódicos y el texto de nuestra circular, poniendo mayor cuidado en la lectura. Advertí entonces que la gratificación de los veinticinco mil dólares, se ofrecía sólo a los agentes de investigación. Manifesté que deberíamos ofrecer esa suma a cualquier persona que encontrara al Elefante. El Inspector me contestó:

—Los agentes encontrarán al Elefante. A ellos les corresponde la recompensa. Si lo encuentra un extraño, esto se deberá sin duda a un acto de espionaje, en detrimento de los agentes, y aprovechando los pasos dados por ellos. Siendo esto así, ¿quién sino los agentes deberán recibir el premio? El fin de un ofrecimiento como éste es fomentar el celo de los que consagran sus esfuerzos y su sagacidad a las investigaciones policíacas, y no favorecer a ciudadanos que por casualidad realizan un acto meritorio, sin antecedentes que los hagan acreedores a la recompensa ofrecida.

Las razones del Inspector me parecieron incontrastables. En ese momento el aparato telegráfico que había en el despacho, comenzó a grabar en la cinta un mensaje. El mensaje decía:

"Estación de Flower, Nueva York.—A las 7,30 de la mañana.

"Voy sobre pista. Encontré surcos profundos, atraviesan granja cercana. Seguílos hacia oriente, distancia dos millas. Resultado negativo. Creo Elefante tomó dirección oeste Variaré rumbo.—*Darley, agente.*"

—Darley es uno de los más notables de la División—dijo Blunt—. Espero que pronto enviará noticias.

No tardó en llegar el telegrama número 2:

"Barker, Nueva Jersey.—A las 7,30 de la mañana.

"Acabo de llegar. Fractura puertas tienda. Desaparición ochocientas botellas. Imposible encontrar aquí agua suficiente para Elefante. Voy lugar fuente próxima, cinco millas distancia. Sigo huella marcada botellas vacías *whisky*. Gran cantidad.—*Baker, agente.*"

—El negocio promete. Marcha bien. Yo había dicho que conociendo el régimen alimenticio del animal, las pesquisas se facilitan considerablemente.

Llegó el telegrama número 3:

"Taylorville, Long Island.—A las 8,15 de la mañana.

"Hacina heno desaparecida durante noche. Créese fué devorada. Sigo pista.—*Hubard, agente.*"

—¡Qué enormes distancias recorre ese animal!— exclamó el Inspector—. Ya suponía yo las dificultades que encontraríamos; pero la bestia blanca no se nos escapará de las manos.

"Estación de Flower, Nueva York.—A las 9 de la mañana.

"Huecas encontradas tres millas oeste. Anchas, profundas, orladas. Labrador dice no son de elefante. Afirma son hoyos hizo para cubrir plantas durante heladas. Utilizados hoyos, echóles tierra, consérvase floja. E s p e r o instrucciones. — *Darley, agente.*"

—¡Como todos los campesinos!—rugió el inspector Blunt—. Ese supuesto labrador es un cómplice de los ladrones. Acaso es uno de ellos.

Blunt escribió:

"Detenga labrador. Oblíguelo declarar nombres coautores, cómplices, encubridores. Siga huellas hasta costas Océano Pacífico.—*Blunt, inspector general.*"

Otro telegrama:

"Coney Point, Pennsylvania. — A las 8,45 de la mañana.

"Fracturada puerta fábrica gas. Desaparecieron recibos trimestre no pagados. Sigo pista..—*Jones, agente.*"

—¡Dios santo! Ese elefante se come hasta los documentos que importan liberación de obligaciones...

—Ha sido una inadvertencia—contesté—. Los recibos no son alimentos sustanciosos. Al menos si no los acompaña otro de mejor calidad.

Vimos en la cinta un telegrama conmovedor

"Ironville, Nueva York.—A las 9.30 de la mañana.

"Llego. Aldea consternada. Elefante pasó cinco mañana. Opiniones dirección marcha fiera varían. Unos creen oeste, otros norte, otros sur. Nadie hizo observación momento preciso. Mató caballo. Aparté fragmento para aprovecharlo como indicio. Matólo trompa. Según naturaleza golpe, creo fué lado izquierdo. Juzgando posición caballo, Elefante dirígese norte, línea ferrocarril Berkeley. Lleva ventaja cuatro horas y media. Seguiremos de cerca animal fugitivo.—*Harves, agente.*"

Yo no pude reprimir una exclamación de júbilo. El inspector Blunt estaba impasible como las imágenes de una estampa. Llevó la mano tranquilamente al botón de la campanilla, y el timbre sonó. Entró Alarico.

—Alarico—dijo el Inspector—, diga usted al capitán Burns que necesito hablar con él.

Alarico desapareció. Burns apareció.

—Capitán Burns, ¿cuántos hombres disponibles tiene usted?—preguntó el Inspector con voz tranquila.

—Noventa y seis.

—Envíelos usted inmediatamente hacia el norte. Debe hacerse la concentración en Berkeley.

—Se hará.

—Prescribirá usted el sigilo más riguroso. Cuando haya otros agentes disponibles, me lo avisará usted sin demora.

—Se hará.

—Retírese usted.

—Por orden de usted.

El telégrafo empezó a desarrollar una cinta:

"Sage Corners, Nueva York.—A las 10,30 de la mañana.

"Llego. Elefante pasó 8,15. Habitantes ciudad huyeron, exceptuando un agente policía. Elefante atacó poste alumbrado público. Agente policía apoyado delante poste, murió. Poste destruido. Intención

Elefante no fué contra policía, sino contra poste. Reservados brazo, pierna, vientre policía para indicio.—*Stumm, agente.*"

—Por lo visto, el Elefante ha volado hacia el oeste. Camina con una rapidez prodigiosa. No se nos escapará. Tengo agentes en todos los Estados de la Unión.

Llegó otro telegrama. Lo leímos. Decía esto:

"Glovers.—A las 11,15 de la mañana.

"Llego. Pueblo abandonado. Quedan enfermos y ancianos. Elefante pasó 10,30 durante sesión *Sociedad para protestar contra los bebedores de agua.* Animal metió trompa ventana salón sesiones, arrojó agua contra socios. Trompa llena agua pozo. Socios muertos, otros ahogados. Habitantes contornos aterrorizados. Habitantes emigran en todas direcciones, pero todos encuentran Elefante. Compañeros Cross y O'Shaughnessy dirigiéronse sur; no lo encontraron.—*Brandt, agente.*"

Esas noticias trágicas me consternaban. El inspector Blunt dijo, sin alterar el tono de la voz:

—Como ve usted, nos acercamos. El animal siente nuestra presencia, y vuelve hacia el oriente.

Recibimos noticias siniestras. Una de ellas decía:

"Hohangport.—A las 12,19.

"Elefante pasó 11,15 mañana. Sembró terror y desolación. Corrió furiosamente calles. Dos plomeros muertos. Público lamenta desgracias. — *O'Flaherty, agente.*"

—¡Ya está entre nosotros!—dijo Blunt sin ocultar una fugitiva expresión de triunfo—. ¡No saldrá de las garras de mis agentes!

A esta noticia sucedió una serie de telegramas suscritos por agentes diseminados entre Nueva Jersey y Pennsylvania. Todos seguían las huellas del Animal Sagrado. Todos hablaban de pueblos consternados, de granjas destruídas, de fábricas paralizadas, de bibliotecas escolares devoradas, y sobre todo, hablaban de una esperanza vecina de la certidumbre.

—Quisiera estar en comunicación con ellos—manifestó sesudamente Blunt—. Yo les aconsejaría que se dirigiesen hacia el norte. Pero es imposible. Los agentes no van al telégrafo sino para enviar sus informes; jamás se detienen para recibir instrucciones que embarazarían sus movimientos. Parten al instante, y no miran hacia atrás. Hay que dejarles la libre iniciativa.

Llegó un telegrama. No era uno de tantos telegramas:

"Bridge Port, Connecticut.—A las 12,15.

"Empresario circo Barnum ofrece 4.000 dólares anuales privilegio exclusivo empleo Animal Sagrado para anuncio ambulante. Plazo empezará contarse hoy, y expirará cuando los agentes encuentren Elefante. Solicita respuesta inmediata.—*Boggs, agente.*"

—¡Esto es absurdo!—exclamé fuera de mí.

—Indudablemente—contestó el Inspector—. El señor Barnum se cree muy sagaz; pero no me conoce. En cambio, yo lo conozco. He ahí mi ventaja.

Dictó un telegrama, que estaba concebido en estos términos:

"Boggs, Agente. — Bridge Port, Connecticut. — Diga Barnum 7.000 dólares o nada.—Blunt. *Inspector general.*"

—Verá usted cómo no tarda la respuesta. Barnum está en la oficina de telégrafos aguardando con ansia. Así lo hace siempre para sus negocios. Dentro de tres...

Vimos un telegrama:

"Trato cerrado.—*P. T. Barnum.*"

Pero antes de que yo pudiese comentar este episodio extraordinario, llegó un telegrama que cambió en un sentido desastroso todo el curso de mis ideas:

"Bolivia, Nueva York.—A las 12,15.

"Llegó Elefante, procedente sur. Dirigióse bosque 11,50. Dispersó entierro. Bajas dolientes, dos. Ciudadanos huyeron después disparar algunos tiros revólver. Agente Burke y yo llegamos diez minutos después, procedentes norte. Tiempo perdido falsa pista. Encontramos verdadera. Seguimos hasta bosque. Copiamos cuidadosamente huellas patas Elefante. Animal encuéntrase malezas. Vímoslo. Burke estaba delante de mí momento descubrir animal. Desgraciadamente, Elefante hase detenido para descansar. Esto impide seguir huellas. Burke veíalas vista clavada tierra, cuando tropezó patas traseras animal. Burke cayó choque, sin ver animal. Levantóse, tomó cola, empezó exclamación alegría. Antes

de terminarla, animal volvió cabeza, azotó Burke
trompa. Desdichado camarada murió instante. Elefante persiguióme, paso acelerado hasta orilla bosque. Peligro inminente, pero libróme vista restos
entierro, pues Elefante acometiólos. Habrá otros
entierros pronto. Elefantes desaparecido.—*Mulroney, agente.*"

No tuvimos otras noticias, sino las de una infinidad de celosísimos agentes que veían huellas del Elefante en los Estados de Nueva Jersey, Pennsylvania, Delaware y Virginia. Todos seguían al Elefante.

Por la tarde se recibió este interesante informe:
"Baxter, Centro.—A las 2,15.

Elefante pasó cubierto anuncios circo. Dispersó
conferencia religiosa. Muchos heridos y contusos.
Ciudadanos lograron apoderarse animal. Estaba custodiado de cerca. Agente Brown y yo entramos corral, y comenzamos practicar identificación Elefante,
empleando fotografías y descripciones. Señales concuerdan. Falta una que no pudimos ver. Es cicatriz
divieso paleta. Brown deslizóse bajo animal. Cabeza machacada. Restos Brown perdidos. Circunstantes huyeron aterrorizados. Animal también. Lleva
costados lesiones mortales. Deja rastros sangre heridas cañonazos. Encontrarémoslo. Atraviesa espeso
bosque dirección sur."

Este fué el último telegrama. A la caída de la
tarde, la niebla era tan densa que no podía uno verse la punta de las narices a tres pasos de distancia,

La niebla duró toda la noche, y fué causa de que
se interrumpiera el tráfico en las calles y en el río.

TERCERA PARTE

A la mañana del siguiente día, los periódicos contenían una profusión infinita de opiniones. La prensa refería minuciosamente todas las peripecias de la
tragedia. A los telegramas de la agencia detectivesca, agregaba los de sus corresponsales. Casi la ter-
cia parte de los diarios estab allena de títulos enormes. Mi corazón se despedazaba al ver esas noticias horripilantes. Júzguese del tono general de la
prensa:

¡EL ELEFANTE BLANCO EN LIBERTAD!
¡PROSIGUE SU MARCHA FATAL! ¡PUE-
BLOS ENTEROS SON ABANDONADOS POR
SUS HABITANTES! ¡EL PALIDO TERROR
PRECEDE LA MARCHA DEL ANIMAL FU-
NESTO! ¡LA DEVASTACION Y LA MUERTE
LE SIGUEN! ¡AL ELEFANTE SE UNEN LOS
AGENTES SECRETOS, Y EL TERROR AU-
MENTA! ¡GRANJAS DESTRUIDAS! ¡FABRI-
CAS ASOLADAS! ¡MIESES DEVORADAS!
¡ASAMBLEAS CÍVICAS Y RELIGIOSAS DIS-
PERSADAS! ¡CARNICERIAS INDESCRIPTI-
BLES! ¡OPINION DE TREINTA Y CUATRO
NOTABILIDADES! ¡HABLAN LOS PERITOS
MAS EMINENTES! ¡OPINION DEL INSPEC-
TOR BLUNT!"

—¡Magnífico! ¡Magnífico!—exclamó el inspector Blunt, casi externando su satisfacción—. ¡Magnífico! Jamás habíamos tenido un triunfo como este. Nuestra fama llegará hasta los últimos confines de la tierra. El recuerdo de este acontecimiento sobrevivirá a nuestra generación, y en los límites más remotos del tiempo se pronunciará mi nombre con admiración y entusiasmo.

Yo no tenía las mismas razones para estar contento. Ni esas ni otras. Me parecía que yo era el autor de aquellos crímenes sangrientos o ruinosos, y que el Elefante había servido de agente irresponsable de mi perversidad. ¡La lista de los horrores había aumentado prodigiosamente! En una localidad, el Elefante llegó justamente en el momento de efectuarse una elección, y mató a cinco escrutadores. Ese acto de violencia fué seguido de la muerte de dos pobres diablos, dos irlandeses llamados O'Donohue y Mac-Flanigan, que la víspera habían encontrado un refugio en la tierra que sirve de asilo a los oprimidos de todos los países, y que por primera vez ejercían el derecho sagrado de todos los ciudadanos norteamericanos presentándose a las urnas electorales. No consumaron ese acto de civismo, pues en el mismo instante los hirió "la mano implacable del azote de Siam", como llamaba la prensa a la trompa del Elefante. En otro lugarejo atacó a un viejo apóstol de la moral más pura que preparaba su campaña contra el baile, el teatro y otras diversiones pecaminosas. En otro punto

murió un inspector de pararrayos. La lista san-
grienta continuaba, y cada vez me parecía más
desoladora. Sumé sesenta muertos y doscientos
cuarenta heridos. Todos los informes encomiaban
la vigilancia y la abnegación de los agentes; todos
los artículos terminaban diciendo que la bestia fatal había sido vista por trescientos mil hombres y
cuatro agentes. ¡Dos de éstos habían perecido!

Sentía angustia sólo de pensar que llegase otro
telegrama. Pero no había remedio. Lo inexorable
tenía que cumplirse. ¡Comenzó el aguacero de noticias! Por uno de esos cambios bruscos de la fa-
talidad, recibí la más grata de las sorpresas. ¡Había
desaparecido toda huella del Elefante!

A favor de la niebla, el Animal Sagrado encontró un retiro, y se mantuvo oculto a las miradas
curiosas de la investigación policíaca. Telegramas
de lugares absurdamente distantes unos de otros,
anunciaban la vista de una inmensa mole que se
adivinaba a través de la niebla. Era sin duda el
Elefante. La masa enorme fué vista a la vez en
Nueva Haven y en Nueva Jersey, en Pennsylvania,
en lo más remoto del Estado de Nueva York, en
Brooklin y hasta en la misma Ciudad Imperial.
Pero la mole siniestra se desvanecía sin dejar huellas sobre la superficie de la tierra. Los agentes diseminados en esa dilatada extensión, enviaban sus
mensajes cada hora, cada media hora, cada cuarto
de hora. Todos los agentes estaban en posesión de

la pista segura; todos iban a coger al animal por la cola.

El día transcurrió sin una noticia de resultados positivos.

Transcurrió el siguiente día.

Transcurrió el tercero.

El público empezó a fastidiarse de leer noticias de huellas que se borraban, de hipótesis que se quebraban de sutiles. ¡El público lanzó su primer bostezo!

Era necesario reanimar la expectación pública. Era indispensable estimular el celo de los agentes. ¿Cómo lograrlo? El inspector Blunt me aconsejó que duplicase la prima ofrecida. Yo obedecí.

Siguieron cuatro días de espera mortal para mí. Un golpe cruel amenazaba a los agentes de investigación. Los periodistas cerraron las columnas de los diarios a la inserción de las hipótesis policíacas. Pedían un breve respiro.

Quince días después de la consumación del robo, elevé a setenta y cinco mil dólares la gratificación. Yo sacrificaba mi fortuna, pero no vacilé. Todo antes que desacreditarme a los ojos de mi Gobierno. Nada salvó a los infelices agentes. La prensa los acosaba con sus sátiras. El teatro imitó a la prensa, y en todos los retablos aparecieron crueles caricaturas del Detectivismo. Salían los agentes atalayando el horizonte con sus catalejos, y salía el Elefante detrás de ellos, metiéndoles la trompa en los bolsillos de las americanas para sacar manzanas, bocadillos y botellas de *whisky*. Hasta la insignia del Detectivismo fué condenada al ridículo. Todos hemos visto en las cubiertas de las novelas policíacas el ojo abierto y la leyenda que dice: "Jamás dormimos." Pues bien, si un agente entraba al *bar*, el dependiente se permitía ridiculizarlo con el empleo del antiguo retruécano del ojo. Los sarcasmos poblaban la atmósfera y la saturaban.

Sólo un hombre permanecía tranquilo, inmutable, insensible a todas las burlas. Para ese hombre el mundo de la policía secreta seguía girando en su eje adamantino.

—Déjeles usted—me decía ese hombre de mirada límpida—. Déjelos usted. Veremos quién ríe al final del último acto.

Después de esto, ¿se extrañará que mi admiración tomase la forma de un culto? Yo no me apartaba de él; su oficina era mi morada. Sufría en ella las penas de una cárcel, pero allí estaba a mi vista el ejemplo reconfortante de una serenidad heroica que yo me imponía el deber de imitar. Debo decir que si yo admiraba a Blunt, el mundo entero me admiraba a mí por la confianza con que alimentaba mi fe. A veces cruzaba por mi frente la idea de abandonar la partida; pero me bastaba contemplar aquella faz tranquila para ver que mi sitio estaba junto a Blunt.

Una mañana, sin embargo, tres semanas después del hecho abominable, me vi tentado de enviar mi renuncia al Gobierno de Siam. Comuniqué mi pro-

pósito al Inspector, y éste me sometió otro plan
general de campaña. Haríamos una transacción
con los ladrones. La fertilidad propia de su ingenio
era superior a cuanto pudiera imaginarse. Yo no
había visto hasta entonces un espíritu que igualara
al de Blunt, y, sin embargo, me eran familiares los
hombres más ilustres de ambos mundos. Si yo me
allanaba a dar cien mil dólores, el Elefante perdido
entraría al instante por la puerta de mi casa. Tan
seguro así estaba Blunt de la eficacia de su idea
genial. Contesté que yo podría reunir aquella suma,
aunque con cierta dificultad; pero me preocupaba
la suerte de los abnegados agentes que habían des-
plegado tanta actividad y que habían mostrado una
inteligencia tan extraordinaria en aquella investigación hasta entonces poco fructuosa.

—En toda transacción—me dijo Blunt—, en toda
transacción van a medias el Detectivismo y el Crimen. No lo olvide usted.

Mi única objeción caía por tierra. Apronté los
cien mil dólares. El Inspector general escribió dos
cartas. La primera decía:

"Señora de toda mi consideración y respeto: El
esposo de usted puede ganar una suma considerable y contar en lo absoluto con la protección de la
ley, si acude inmediatamente a mi oficina. Soy de
usted, señora, el más atento y respetuoso servidor,
que besa sus pies.—*Blunt, inspector general.*"

A la señora Duffy, esposa del caballero llamado Duffy, *el Ladrillo.*

La otra carta estaba concebida en los mismos términos, y fué enviada a la barragana de Mac-Fadden, *el Rojo.*

La misma persona que llevó las dos cartas trajo una hora después las dos respuestas.

"Viejo animal: Duffy *el Ladrillo* falleció de muerte natural hace dos años.—*Brígida Mahcney.*"

La otra respuesta era no menos enérgica y contundente.

"Imbécil murciélago: ¿Te quieres burlar de mí? Mac-Fadden, *el Rojo,* fué colgado hace diez y ocho meses. Se necesita pertenecer a la policía detectivesca para ignorarlo.—*María O'Hooligan.*"

—Ya lo sospechaba—dijo el inspector—. El testimonio fehaciente de estas dos cartas es la prueba de mi olfato infalible.

Sus recursos eran inagotables. Si fallaba uno, encontraba cien mil. Inmediatamente envió a los periódicos este anuncio:

"A.—XWBLVN, A ADA, NM. TJDH.—FAS. SDJwawawa. OZPO.—2M. Ogwe Mum."

Cuando quedamos solos, me dijo:

—Si el ladrón vive, acudirá a la cita.

Yo no comprendí, pero él me explicó que había un sitio en donde trataban sus negocios los ladrones y la policía. No era necesario citar hora, pues ya se sabía que al dar las doce se encontrarían los defensores de la Ley y los que tienen por oficio vulnerarla.

Yo quedaba libre hasta las doce, pues antes no había asunto que tratar. Salí de la oficina, felicitándome de aquel respiro.

Volví a las once de la noche con los cien mil dólares en billetes de Banco, y se los di al Inspector general. Poco después nos despedimos. Brillaba en sus ojos aquella luz de esperanza y de seguridad que era para mí la columna de fuego en el desierto. Transcurrió una hora de angustia. Oí, por fin, los pasos mesurados del genio. Me levanté anhelante, y salí a recibirlo. ¡Su frente estaba nimbada por la aureola del triunfo!

—Hemos transigido—me dijo—. Puedo decir que tenemos el Elefante en nuestro poder. Sígame usted.

Tomó una bujía, y bajó a la espaciosa cripta de la casa. Allí dormían sesenta agentes. Otros veinte jugaban y bebían. Yo seguí a Blunt. El avanzó rápidamente hasta el extremo del sótano sombrío. Yo estaba a punto de sucumbir, asfixiado por la atmósfera de la cámara infernal, y casi había perdido el conocimiento, cuando me sacudió un sobresalto penoso al ver que Blunt tropezaba, resbalaba y caía.

No cayó sobre el suelo, sin embargo, sino sobre una alfombra de un espesor gigantesco.

—¡Nuestra noble profesión está vengada!

Tales fueron las palabras de Blunt al sentir bajo su pecho el cuerpo del Elefante.

Tantas emociones me dominaron al fin, y la realidad se desvaneció ante mis ojos. Cuando volví en mí, estaba en la oficina. Los policías me prodigaban sus cuidados, y me acercaban frascos de éter para que aspirara.

La espaciosa oficina estaba llena de gente. Todos los subordinados de Blunt habían acudido al recibir la noticia del estruendoso triunfo. Los periodistas llegaban también apresuradamente. Media docena de criados destapaban botellas de champaña. Blunt brindaba. El entusiasmo era indecible, y se manifestaba con abrazos, apretones de manos, vivas y cantos. Blunt era el héroe, el vencedor, el aclamado. ¡Victoria merecida, victoria ganada a fuerza de perseverancia, de valor y de pericia! Yo me sentía feliz. Aquel negocio me había reducido a la mendicidad, pero ¿cómo no enternecerme viendo la profunda admiración de que era objeto el gran Blunt?

—Es el Rey del Detectivismo—dijo a mi oído un agente; déle usted un indicio, y ese Coloso construye inmediatamente el sistema completo de la investigación.

Era verdad. Yo lo reconocía. ¿Iba a negar hechos indiscutibles? No he sido jamás injusto. La pérdida de mi fortuna y de mi posición, sobre todo, la pérdida de la confianza de mi Gobierno, nada tenían que ver con Blunt y sus agentes. Mi desdicha era el resultado de la inexcusable negligencia con que me acosté a dormir, sin mantener una vigilancia celosa para que el Elefante no fuera robado o no se escapara dando un empujón a la barda del corral.

Triste, pero no envidioso del bien ajeno, presenciaba yo la repartición de los cincuenta mil dólares correspondiente a la Falange del Detectivismo. Blunt procedió con espíritu de justicia en aquella atribución de beneficios noblemente merecidos.

—Gozad, hijos míos; gozad, puesto que habéis ganado esta recompensa. Gracias a vosotros, nuestra profesión tendrá un renombre imperecedero.

La orgía fué interrumpida por la llegada de un telegrama:

"Monroe, Michigan.—A las 10 de la noche.

"Por primera vez encuentro oficina telegráfica. Hace tres semanas camino por desiertos. Seguí huella caballo distancia novecientas millas bosque. Huellas iban siendo más grandes y más recientes de día en día. Semana próxima capturaré Elefante. Seguridad absoluta. Continúo persecución. — *Darley, agente.*"

El Inspector general ordenó que se saludase el telegrama de Darley con una triple salva de aplausos. Darley era uno de los hombres más infatigables y más enérgicos en el cumplimiento del deber. Realizado el acto de justicia, se le telegrafió que regresara para que pudiera gastar alegremente la parte que le correspondía en la gratificación.

Así terminó el maravilloso episodio del Elefante Blanco de Siam, el Animal Sagrado.

La Prensa de la mañana contenía los más ardientes y efusivos elogios para la Falange de Blunt. Sólo hubo una excepción. No sé qué papelucho insignificante decía irónicamente:

"¡Grande es la gloria del Polizonte! ¿Quién es capaz de medir el genio del Detectivismo? Se le escaparán a veces objetos de pequeñas dimensiones, como los elefantes, por ejemplo. Sucederá tal vez que pase días y días, que duerma noches y noches, sin saber, por la vista ni por el olfato, que un pobre paquidermo ha agonizado y ha muerto, que se pudre en el sótano de la Inspección general, de esa misma Inspección en donde entran los ladrones durante las crudas noches de invierno para llevarse la estufa y el combustible, los abrigos y el *wisky* de los agentes. ¿Qué importa esto? El Detectivismo logra encontrar hasta un elefante, siempre que ponga la mano sobre los hombros de alguien que haya visto al Elefante, y que diga en dónde se halla su cuerpo inanimado y pestilente."

¡Pobre Elefante mío! Dos o tres balas de cañón lo habían herido mortalmente. Sobrevino la noche de niebla, y caminando a tientas, sin saber cómo, se refugió en el sótano de la Inspección. Allí, rodeado de enemigos, en peligro constante de que se

le descubriera, pasó los últimos días de su existencia, hasta que el reposo final puso término a los
dolores producidos por las brechas que habían
abierto los cañonazos en sus costillas, y lo libró de
las torturas mil veces más insufribles del hambre
y de la sed. ¡Pobre paquidermo!

Mis pérdidas fueron:

Transacción con los ladrones......	100.000	dólares.
Gastos de investigación.............	42.000	,,
Total.................	142.000	,,

Soy un arruinado, un vagabundo, un desacredi-
tado. Pero no un ingrato ni un injusto. Admiro a
Blunt y proclamo los méritos del Detectivismo.

ÍNDICE

CPSIA information can be obtained
at www.ICGtesting.com
Printed in the USA
BVHW091700200122
626527BV00003B/179